ともに悲嘆を生きる
グリーフケアの歴史と文化

島薗 進

朝日新聞出版

目次◯ともに悲嘆を生きる　グリーフケアの歴史と文化

第1章　悲嘆が身近になる時代……18

第2章　グリーフケアと宗教の役割……45

第4章　グリーフケアが身近に感じられるわけ……100

第5章　悲嘆を物語る文学……128

第6章　悲しみを分かち合う「うた」

第7章 戦争による悲嘆を分かち合う困難……188

第8章 悲嘆を分かち合う形の変容……220

ともに悲嘆を生きる
グリーフケアの歴史と文化

島薗 進

はじめに

愛する人との死別は悲しくつらい。子どもに先立たれた親の気持ちはとても察し切れるものではない。配偶者・パートナーの死も耐えきれないほどに感じられることもあるだろう。災害や事故・事件などの非業の死も、遺された者の思いは想像にあまりある。

このような悲嘆はけっして新しいものではない。長寿が期待できなかった時代には、むしろ珍しくはないよく耳にする経験だったようにも思える。哲学者の西田幾多郎（一八七〇－一九四五）には「我が子の死」（上田閑照編『西田幾多郎随筆集』岩波文庫、一九九六年に収録、一九〇七年の稿）という文章があって、次々と悲嘆に見舞われたであろう人生を偲ばせてくれる。

回顧すれば、余の十四歳の頃であった、余は幼時最も親しかった余の姉を失うたことがある、余はその時生来始めて死別のいかに悲しきかを知った。余は亡姉を思うの情に堪えず、また母の悲哀を見るに忍びず、人無き処に到りて、思うままに泣いた。稚心（おさなごころ）にもし余が姉に代りて死に得るものならばと、心から思うたことを今も記憶している。（七四頁）

一八七〇年生まれの西田の子どもの頃には医療や保健衛生が整っていなかった。西田が親になって以後も、事情はあまり変わりがない。しかも戦争もあった。

> 近くは三十七年の夏、悲惨なる旅順の戦に、ただ一人の弟は敵塁深く屍を委(まか)して、遺骨をも収め得ざりし有様、ここに再び旧時の悲哀を繰返して、断腸の思未だ全く消失(きえう)せないのに、また己が愛児の一人を失うようになった。骨肉の情いずれ疎(そ)なるはなけれども、特に親子の情は格別である、余はこの度(たび)生来未だかつて知らなかった沈痛な経験を得たのである。（同前）

日露戦争でただ一人の弟が戦死したが、一九〇七年には西田は数え年六歳の二女と生まれたばかりの五女をあいついで喪(うしな)っている。そして一九二〇年には長男と、二五年には妻と死別している。西田哲学は宗教的な基盤をもっているが、それはこうした死別の経験、悲嘆の経験（西田自身は「悲哀」とよぶ）と深く関わっていると捉えられてきている。

悲嘆に見舞われる人生は当時、まれではなかった。多くの実例があって、死別の悲嘆の浩瀚(こうかん)な記録集を作ることもできるだろう。その記録集を資料として学術的に検討したとすれば、科学技術の恩恵を受け生活が豊かになるにつれて、深刻な悲嘆の経験はむしろ減ってきたのであって、現代人の人生はどちらかといえばなだらかなものが多いといえるのかもしれない。

だが、西田が上記の文章を公表した頃、個々人の悲嘆が文字で表現され多くの人に分かちもたれることはあまりなかった。また、悲嘆が身近な者以外の者によるケアの対象と考えられることもなかった。ここで参照した例は、西田のような偉大な学者の、その業績の偉大さに深く関わる悲嘆であるために多くの人々の注目を集めてきたにすぎない。

その時代からおよそ一二〇年が経過した。この間に悲嘆を分かちもつあり方、分かち合うあり方に大きな変化があった。そして、多くの人たちは自覚的に悲嘆を経験すること、グリーフケアを受けること、あるいはグリーフケアに学ぶことが意義深いと感じるようになった。死別や深刻な喪失の物語を聞く機会は増えており、悲嘆のために社会的な適応が妨げられるような事例も目立つようになっている。なぜ、そうなのか。この事態にどう向き合うのか。

本書は、グリーフケアについて概観するとともに、近代日本における悲嘆の経験や表現の歴史について考えようとするものだ。悲嘆の歴史を考えることによって、今、グリーフケアが求められている理由は何か、また、現代のグリーフケアが目指すものは何なのかということについても理解を深めたいと考えている。悲嘆を分かち合うよき場、またよい関係が求められている。そして、そこでは「ともに生きる」力の源が探られている。宗教やスピリチュアリティが深い関わりをもつのもその故だろう。「ともに悲嘆を生きる」という本書の題は、そのような問題意識からつけられたものだ。

序章

戦争と災害の後に

二〇一〇年代の日本は、恒常的に災害に見舞われ多くの死者が出る苦難を味わってきている。娯楽文化でもこのような経験を題材にした作品が増えているようだ。二〇一六年は日本の国土を大きな災厄が襲い、多くの人々が苦難に見舞われる経験を描いた映画作品に人気が集まった。夏には放射能をたっぷりと吸って進化したゴジラが東京を襲う特撮映画『シン・ゴジラ』、巨大な隕石が岐阜県の山村を襲って完全に破壊してしまうアニメ映画『君の名は。』が人気だった。冬になって今度は、アジア・太平洋戦争期の軍港、呉を空襲が襲い、ついで広島に原爆が落とされる前後を描いたアニメ映画『この世界の片隅に』が、多くの観客を引き寄せた。『君の名は。』などは若者向けで、映画館では少し肩身が狭いような気がしたが、私も三作品を観た。

『シン・ゴジラ』と『君の名は。』は見応えはたっぷりあるが、観客も涙を流すような感動はなかった。ところが、『この世界の片隅に』は見応えがあるとともに深く心を揺さぶられた。こうの史代の同名のコミック作品に基づく、片渕須直監督の作品だ。そこですぐに原作を買って読んだ。二〇〇六年から〇九年にかけて発表された作品だが、予想にたがわずため息をつきながら読みふけった。そして、それは悲嘆が身近に感じられる二一世紀初頭の現代という時代と深い関わりがあるように感じた。

作品の舞台は戦争末期の広島市と呉市である。広島に生まれ育った浦野すずが、呉の北條周作に嫁ぎ、北條家に入る。そして、呉も広島も空襲と原爆で破壊し尽くされる。すずの家族が次々亡くなっていく。生き延びていくすず自身も空襲で右手を失う。絵を描くのが大好きで、暇があれば絵を描いていたその右手を失った。そしてその右手をつないでいた小さな姪、晴美がいのちを失う。兄の要一は戦地で亡くなり、石ころ一つが骨壺に入れられて「帰って」きた。妹は原爆をかろうじて生き延びたが、原爆症で起き上がれない。

多くの場面は戦場でもなく職場や学校でもない。「この世界の片隅」という言葉が似つかわしい場面でストーリーは展開していく。家庭や近隣、そこから見える呉の軍港。そしてたまに描かれる街並みや遊郭などだ。軍艦や軍事施設が周辺にあふれている呉の街だが、「この世界の片隅」に生きる人々はおおよそ思いやりに富み、おおらかでけなげに生きている。

悲しみを通して養われるもの

小姑がきつかったり、なかなか子どもができなかったり、夫の過去の恋人がわかったり、すずの葛藤は多く、円形脱毛症に悩んだりする。だが、それでも柔和な人々の愛情が通い合う。子どもができずに悩むすずと遊郭の女性、白木リンとのこんな会話がある。

リン「ああ、でも子供は居ったら居ったで支えんなるよね」すず「ほっ　ほう！　ほう‼　可愛いし‼」リン「困りゃあ売れるしね！　女の方が高いけえ、アトトリが少のうても大丈夫じゃ　世の中、巧うできとるわ」すず「なんか悩むんがあほらしうなってきた…」リン「ほう？　そりゃ良かった」すず「子供でも売られてもそれなりに生きとる」リン「誰でも何かが足らんぐらいで、この世界に居場所はそうそう無うなりゃせんよ　すずさん」すず「…有難う　リンさん」

この場面がそうであるように、他者の生き方にふれ、悲しい別れを経験しながら、すずは成熟し、悲しみとともに、尊いものを守る力を養っていく。「なんでうちが生き残ったんかわからんし　晴美さんを思うて泣く資格はうちにはない気がします　でもけっきょくうちの居場所はここなんですよね」。そして、「生きとろうが死んどろうが　もう会えん人が居って　ものがあって　うちしか持っとらんそれの記憶がある　うちはその記憶の器としてこの世界に在り続けるしかないんですよね」。作者の人間観、倫理観を反映しているこのような言葉と絵を通して、悲しみがもたらす力について心の奥深いところで納得するものがある。主題歌「みぎてのうた」（コトリンゴ）の他、「悲しくてやりきれない」（サトウハチロー作詞）、「ロンドンデリーの歌」（本書第6章）などの音楽も心を揺さぶる。

東日本大震災と福島原発災害から六年になろうとする時期に、このアニメ作品が上映され、多くの観客に歓迎されたのは幸いなことだったと思う。私自身がそうであるが、震災や原発災害を通して感じ取ったことをあらためて想起し、吟味し直すような時をもつことができると思うのだ。

多くの人々の悲しみが周囲の人々の心に、謙虚さやさしさ、思いやりを引き起こしてくれる。連帯感が生まれやすい。もちろん鬱屈した怒りや分かちにくい悲しみで苦しみ続ける人も多い。だが、もし苦難を忘れずに、それらを分かち合う場があり続けるならば、「ふるさと」がいのちを育む場として働き続けられることだろう（本書第6章）。

喪失と悲嘆の記憶が力となる

アジア・太平洋戦争の末期と敗戦直後の呉と広島を舞台にした『この世界の片隅に』では、そのようなふるさと観が組み立てられ受け継がれていく気配がある。いや、この作品自身が呉や広島に、そして日本に、ひいては世界にふるさとを再生させる働きを生んでいるのだ。そういえば、石牟礼道子の『苦海浄土――わが水俣病』もそのような働きをもった作品だった。水俣病の苦難と悲しみと生き方を一人ひとりの被害者の「肉声」によって表現し、多くの人びとに不知火海沿岸がふるさととして蘇るような経験をさせてくれた。

こうした作品はフィクションであるとしても人びとの経験と深く関わっている。そして生きがいや善き生き方の感覚とも切り離せない。『この世界の片隅に』で玉音放送を聞いた、あのやさしく控えめなすずが、一人立ち上がり「うちはこんなん納得出来ん!!!」と叫んでしまう場面がある。空襲で死んだ晴美のことが思い浮かぶ。支配してきた海外地域から人々が逃げてくる情景も。「暴力で従えとったいう事か」、「じゃけえ暴力に屈するいう事かね」、「それがこの国の正体かね」、「うちも知らんまま死にたかったなあ……」。そこへ何者か、見えないものの慰めの手がすずの頭にふれる。

この手は失われたすず自身の「みぎて」だという解釈を聞いた。なるほどと思う。多くの家族と自らの生きがいと直結した身体部位を喪失したすずだが、その喪われたものからこそいのちの恵みを感じ取る、そのような場面と捉えることもできるだろう。コトリンゴの「みぎてのうた」を聞きながらそう感じるのだ。「変はりゆくこの世界の　あちこちに宿る　切れきれの愛／ほらご覧／いま其れも　貴方の　一部になる」。「切れきれの愛」は戦時中の愛の形でもあるが、二一世紀の現代の愛の形でもあるだろう。

巨大な喪失と記憶の練り上げ

『この世界の片隅に』の原作は東日本大震災と福島原発災害の前に発表されているが、映画作品がその後に生み出され、人々の共感をよんだのは偶然ではないように感じる。戦後七〇年のさらに一年後、また、東日本大震災後五年であった二〇一六年の日本社会は、「ふるさと」の破壊と巨大な喪失を通して、深く自らを省みる物語を身近に感じた。多くの人がそのような記憶の練り上げに参加していくためには、苦難と悲しみを忘れようとする傾向に抵抗する必要がある。

「復興」を急ごうとする動機はもちろん理解できないわけではない。いつまでも傷を見つめているのはやめよう。早く新しい希望に目を向けよう。そう人の気持ちは動くだろう。『シン・ゴジラ』や『君の名は。』では、巨大な破壊はあったものの、その困難はすべてすっきり解決していて、あたかも「何もなかったかのように」、未来に向けての希望が描かれている。

だが、苦難や悲しみを置き去りにして、「復興」ばかりが強調されると、心に隙間風が吹くようだ。それは死者や被災者が、そして日本の社会が失った多くのものが心の「片隅」から消え去ってしまうことにもなろう。それはまた、痛みに苦しむ人を孤立させ、乗り遅れとして差別することにもつながりうる。「悲しみの忘却」は「ふるさと復興」の近道ではない。むしろ、十分に悲しみ、苦難を受け止め続けることこそが、いのちの尊さの感覚を育て、いのちの恵みを感受する力（ふるさとの底力）を養うことになるだろう。

映画『おみおくりの作法』の孤独な人びと

さて、ここまでは社会全体に及ぶ戦争とか災害のような共同の経験をめぐる悲嘆について述べてきた。だが、もちろん悲嘆をもたらす出来事はもっと私的な個々人それぞれに起こる事柄として経験されることが多い。そうした個人的な死別の悲嘆についても、多くの人が関心を抱くようになっている。社会に出る前の子どもが亡くなった。若くして配偶者を失った。親が自死で世を去った。必ずしもそんな深い悲嘆の当事者だけではない。多くの人びとが個人的な悲嘆というテーマを身近に感じている。

昨今の映画作品では、個人的な死別の悲しみや離別等の喪失による悲嘆の経験も大きなテーマとして取り上げられ、広範囲の人々の支持を得ている。死別の儀礼を扱った二〇〇八年の映画『おくりびと』は海外でも好評でアメリカのアカデミー賞外国語映画賞を受賞したが、二〇一五年にはそれに続くかのように死別の儀礼を取り上げたヨーロッパの映画作品が日本の観客に歓迎された。イギリスとイタリアの協力によるウベルト・パゾリーニ監督作品、『おみおくりの作法』だ。第七〇回ヴェネチア国際映画祭で、斬新な作品を集めたオリゾンティ部門での「監督賞」を含む四賞を受賞したほか、世界各国の映画祭で数々の賞を受賞した。

舞台はロンドンで、ケニントン地域の民生係を務めるジョン・メイが主人公だ。ジョン・メイの仕事は、孤独死した人の葬送を見守りながら、その人の記録を作ることである。だが、彼はこの仕事をルーティン・ワークにしてしまうことができない。死者の関係者を見つけその死を知らせ、できれば葬儀に立ち会ってほしいのだ。それがかなわない場合でも、彼はその人のために葬礼の音楽を選び、弔辞を書く。こうした彼の仕事ぶりは、彼自身が孤独な生活を続けていることと関わっていた。孤独に世を去っていった一人ひとりの一生を丁寧に振り返り、失われていったそのいのちを悼む。そのことは、彼自身、日々のいのちを大切に生きていくことの証(あか)しでもあったのだ。

だが、こうした彼の仕事ぶりは上司の気に入らない。一人ひとりの死者のために時間をかけ過ぎ、非効率なのだ。このため、上司はジョン・メイに解雇を言い渡し、かわりに明るい女子職員を雇う。

この職員は、多くの死者を火葬した大量の遺骨をまぜて、どっと捨ててしまう。そのさまが描かれていてげんなりする。この作品は、明らかに欧米の伝統的な土葬を支持している。火葬が広まる欧米諸国だが、それによって故人を手厚く弔う文化が後退していくことを嘆かわしく思わざるをえなくなる筋書きだ。

絆を取り戻して死者を送る

ジョン・メイが解雇を言い渡される日の朝、彼の住むアパートの向かいのアパートでビリー・ストークという年配のアルコール依存症患者の遺体が発見される。最後の案件となったビリー・ストークのために、ジョン・メイは許可を得て、無償でその人の絆を探り当てようとする。ビリーの部屋にあった古いアルバムで少女の写真を見つけた彼は、イギリス中を回り、ビリーの人生の経過をたどっていく。別れた妻、アルコール依存症の仲間等々。旅の過程で出会った人びと皆に、彼は葬儀の日時を教える。

だが、もっとも重い出会いは、ビリーの娘ケリーとの出会いだ。ケリーが一〇歳のときに家を去り、その後刑務所で一度しか会ったことがない父と娘だが、心は通い合っていた。ケリーと話し合うことで、ビリーの生涯が新たな光を帯びてくる。そして、ジョン・メイはいつしかケリーに好意をもつようになり、カフェでお茶をする。ところが、まもなくビリーの葬儀が行われることになっていたある日、ジョン・メイは自動車にはねられ、いのちを失う。

ビリーの葬儀は伝統的な埋葬を偲ばせるものだった。彼の生涯のさまざまな局面をともにした人びとが静かに、埋められていく棺を取り囲んでいる。その集まりはかつての地縁、血縁の共同体とは異なる。実は、見知らぬ者同士だったり、争い合って寂しく別れて今は言葉をかわしにくい人びとだったりする。それでも皆がビリーの死を悼み、ともに静かに彼に別れを告げようとしている。

新たな悲嘆の文化の形

その横をジョン・メイの棺を載せた車が通っていく。同じ墓地の別の場所に、彼は葬られる。そこには誰もいない。ところが、ジョン・メイの姿がこの世から完全に消えていこうとするとき、彼が見送った多くの人びとの幻がそこに集まってくる。究極のところで、ジョン・メイは孤独ではなかった。彼が大切にした一人ひとりのいのちがそこによみがえってきたからだ。ジョン・メイは孤独死していく人びとにとってのいわば聖者だったので、彼らが慕い寄ってきたかのようだ。

この作品は、葬送に伴う儀礼が生き残った者にとっていかに大切なものかを観客に思い出させる。それは生者と死者の絆が欠くべからざるものだからだ。孤独死が増えていくようなところではどこでも、静かに世を去っていった死者たちとの絆を尊ぶための儀礼が懐かしく思われる。それだけ生者と生者の絆も、か細くはかないものになっているのだ。イギリスに孤独担当大臣が新設されたのは、二〇一八年一月のことだが、『おみおくりの作法』はそれを予感していたかのような作品だ。

こういうわけだから、かろうじて伝統的な儀礼にのっとって死者を送ったとしても、その内実はかつてのような共同体の絆を基盤としたものではなくなっている。前に『この世界の片隅に』がよびさます「ふるさと」の感覚について述べたが、これも伝統的な地域の共同体を前提としたものではない。死者を悼み、悲嘆を生きる新たな形に人々の関心が向かうようになってきている。

愛する者の喪失を受け止め、痛んだ心に生きる力をよびさますような文化の形があった。しかし、現代社会ではかつて共有されてきた文化の形をそのまま受け継ぐことは難しい。古い葬送の形式への郷愁を誘っているようだが、実はそこへ戻ることはできない。そのことを十分承知の上で、映画『おみおくりの作法』は新たな悲嘆の文化の形を示唆しているのかもしれない。ジョン・メイが創造しようとしていたのは、孤独な人々が新たに心を通わせるグリーフケアの場だったともいえるだろう。

グリーフケアの歴史と悲嘆の文化

グリーフケアにあたるものは、これまでどのように行われてきたのだろうか。死別や喪失に伴う儀礼が重要な役割を担っていたことはまちがいがない。ともに悲嘆を生きるために、人々はさまざまな文化装置を作り、伝え、再創造してきた。宗教が重要であることは確かだが、加えてさまざまな物語や詩歌や造形物、うたやおどりや芸能等も力になった。

二〇世紀に入る頃から、悲嘆を分かちもつ文化に新たに専門家によるケアという様式が入り込む。精神科医療や臨床心理カウンセリングなどが広まっていく。グリーフケアというとまずこうした一対一のケアを思い起こすだろう。「グリーフケア」と題された書物を読むと、専門職による個人治療の場面で求められる知識を叙述したものが多い。それはそれで重要なものであり、本書もそうした知の蓄積に多くを負っている。

だが、本書ではそれとならんで悲嘆の文化に注目している。「はじめに」でも述べたが、本書の表題に「ともに悲嘆を生きる」とあるのはそのためだ。「ともに悲嘆を生きる」ありようがどのように変化して現代に至っているのかを見定めようという問題意識だ。主に近代日本に題材をとって、悲嘆の表現、悲嘆の共有の変化を見ようとしている。自覚的に取り組まれるグリーフケアに先立って、グリーフケアにあたるものがどのようになされてきたかを考えていく。

悲嘆が分かち合われる場・関係

これは現代の日本において、どのようなグリーフケアが求められているかを問うという問題意識ともつながっている。現在、試みられているグリーフケアは必ずしも一対一の対面場面でなされるものばかりではない。遺族会など、自助グループ的な集いも広まっている。専門職がクライアントをケアするというよりも、水平的な小さな交わりのなかで悲嘆を語ったり、追憶のときをともにするなどの形が好まれているようでもある。悲嘆を分かち合い、分かちもつ場や関係が求められているのだ。

グリーフケアとは何かを考えながら、悲嘆の文化の歴史を問い、悲嘆が分かち合われる場や関係に注目する。これが本書の主眼とするところだ。確かにグリーフケアが目指すのは、個々人が自らの悲嘆を奥深く経験していけるようにすることだろう。それは孤独な心の中の事柄として捉えることができる。しかし、そうした個人の内面の変化が生成してくるためには、よい交わりの場やよい関係が形成される必要がある。そしてそれは、カウンセリングのような一対一の関わりだけではない。遺族会や自助グループはそのよい例である。

よい交わりの場やよい関係が重要なのは、「ともに悲嘆を生きる」ことが人間の本来的なあり方に根ざしているからである。そのことをよく認識することによって、スキルやノウハウに還元されない、グリーフケアのより多面的な理解が可能になるだろう。また、私たちが継承してきた文化的資源を新たに活用していく道筋も見えてくるだろう。

参考文献

こうの史代『この世界の片隅に』上・中・下、双葉社、二〇〇八―二〇〇九年
石牟礼道子『苦海浄土――わが水俣病』講談社、一九六九年

第1章　悲嘆が身近になる時代

グリーフケアの興隆

　グリーフケアという言葉が知られ、広まってきたのは二〇〇〇年代に入ってからのことである。私が所長を務める上智大学のグリーフケア研究所は、後で詳しく述べるように、もともと二〇〇九年に聖トマス大学に設置されたが、聖トマス大学の事情もあって二〇一〇年に上智大学に移されたものだ。この設立に際しては、二〇〇五年のJR福知山線（宝塚線）の事故で多くの犠牲者を出したJR西日本の意向が大きく反映している。だが、このわずかな期間に、世間のグリーフケアの認知度はだいぶ高まったように思う。では、それはどのような歴史的経緯によるのか。

　第3章でやや詳しく述べるが、グリーフケアの歴史を述べようとすると、精神医学や心理学の古典に出会う。ジークムント・フロイト（一八五六―一九三九）の「悲哀（Trauer、喪）とメランコリー」（一九一七年）という論文に遡ることが多いのだ。これはヨーロッパで多くの死者が出た第一次世界大戦と関わりがあるかもしれない。とはいえ、その時期にグリーフケアが急速に普及したというわけではない。その後、五〇年の間に理論的には大いに発展し、精神医学や心理学の領域では認知度を増してきてはいた。第二次世界大戦、ユダヤ人大虐殺、原爆投下、朝鮮戦争、ベトナム戦争と戦乱が続き、二〇世紀には理不尽な死を経験する人々が膨大な数に上った。にもかかわらず、一般社会はグリーフケアにさほどの関心を向けてはいなかった。

一九六七年にイギリスでシシリー・ソンダースが聖クリストファー・ホスピスを開設し、以後、ホスピス運動が世界に広がっていく。医療の周辺に位置すると同時に、宗教とも相接するスピリチュアルケアの領域に注目が集まった。それはまた、死生学（death studies, thanatology）とよばれるような学術研究分野、また生と死の教育（death education、いのちの教育、死の準備教育）といった教育分野の拡充をもたらした。こうした動きのなかで、「死別の悲しみ」という主題が次第に大きな位置を占めるようになってくる。ホスピス運動でまず注目されたのは、死にゆく人の心をよく理解し、寄り添おうとすることだった。送られる人、死んでいく人のケアに関心が集まったが、次第に送る側、遺族や生き残る人々の側の悲しみにも関心が向けられるようになった。

アメリカと日本での関心

一つの転機になったのは、エリザベス・キュブラー・ロスが関わってアメリカ合衆国のオレゴン州にダギー・センターが設立されたことだ。キュブラー・ロスは一九六九年に著された『死と死にゆくことについて』（邦題、『死ぬ瞬間——死にゆく人々との対話』）で、死にゆく人の心理について歴史に残る深い叙述を行った。死にゆく人の心のケアの重要性を認識させるという点で、世界を驚かせた本だった。やがて、死にゆく人を送る人、死別の悲しみに見舞われる人のケアが大きな課題として認識されていく。

キュブラー・ロスは、やがて死に直面する子どもの心にも強い関心を向ける。死が間近なダク・トゥルノ（愛称、ダギー）という少年から手紙をもらったキュブラー・ロスは少年に返事を書き、それは後に『ダギーへの手紙――死と孤独、小児ガンに立ち向かった子どもへ』という書物になる。ダギーの世話をした看護師でキュブラー・ロスの友人だったビヴァリー・チャペル夫人が家族や親しい人を亡くした子どもたちの心のケアのために、一九八二年に創設したのがダギー・センターだ。死にゆく子どもの心のケアから、死別を経験する子どもの心のケアへと関心が広がっていった。

この少し後の時期に、日本では日本航空（ＪＡＬ）の飛行機が群馬県の御巣鷹山に墜落する事故が起こり（一九八五年八月）、五二〇名が死亡した。その少し前、東京では上智大学でのアルフォンス・デーケン神父の講演をきっかけに「生と死を考える会」が始まっている（一九八三年）。これは相当の速度で各地へ広がっていった。一九九六年の段階で、東京の会員は一五〇〇名を超え、全国三五カ所で同様の集いが開かれるようになっていた（アルフォンス・デーケン『死とどう向き合うか』、拙稿「死生学とは何か――日本での形成過程を顧みて」）。そこでは死別後の悲嘆も重要な主題の一つだった。このようにこの時期にすでにグリーフケアの内容を含む集いが広く行われ始めていたのだが、その頃の日本では、まだグリーフケアという語はあまり使われていなかった。その後、一九九五年に阪神・淡路大震災があり、死別の悲嘆は多くの日本人が関心を寄せる事柄になっていく。九九七年には神戸市須磨区で酒鬼薔薇聖斗を名乗る一四歳の少年による連続児童殺傷事件が、二〇〇一年には大阪教育大学附属池田小学校で八名の児童が殺害される事件が起こった。事故や災害、事件による死者の遺族の悲嘆に思いをいたさざるをえない出来事が続いた。また、一九九八年から二〇一一年まで一四年にわたって自殺者が年間三万人を超える事態が続き、自死遺族の悲しみに人々の理解もとどくようになってきていた。

ＪＲ福知山線脱線事故

二〇〇五年の四月二五日午前九時一八分、ＪＲ福知山線（宝塚線）の塚口駅と尼崎駅の間で起きた脱線事故は、日本でグリーフケアが広まる大きなきっかけになった。この事故はＪＲ西日本の快速電車が急カーブ区間であるにもかかわらず、十分にスピードを落とさなかったために、五両が脱線し、前の二両は原形をとどめぬほどに大破し、一〇七人が亡くなり五六三人が負傷した大惨事だった。急カーブ区間では時速七〇キロ以下に減速しなくてはいけないのに、約一一六キロで走っていたという。定時運行を行うために、運転者が無理な走行をするような管理がなされていた。ＪＲ西日本側の責任が問われるのは必至だった。

遺族の悲しみは深く、容易に癒されるものではなかった。そこでグリーフケアに大きな役割が生じることになった。この事故の後に行われたグリーフケアに焦点をあてた書物、『〈悲嘆〉と向き合い、ケアする社会をめざして――JR西日本福知山線事故遺族の手記とグリーフケア』(高木慶子・上智大学グリーフケア研究所・柳田邦男編著)という書物がある。高木慶子氏は大学では心理学を学び、長く死にゆく人のケアに取り組んできたカトリックのシスター(修道女)である。柳田邦男氏はがん研究や死に向き合う医学、また死の看取りや脳死の問題に取り組み、息子の自死の際の経験をまとめた『犠牲(サクリファイス)――わが息子・脳死の11日』では、かけがえのない死者を見送る遺族の思いを深く掘り下げ表現した作家である。

高木慶子氏はJR福知山線の事故がきっかけとなって二〇〇九年に設立された、聖トマス大学のグリーフケア研究所の所長を務めた。このグリーフケア研究所はその一年後に上智大学に移管され、二〇一三年四月からは私が所長を務めている。この書物は私が赴任する直前の二〇一三年二月に刊行されたものである。

神と仏と祈り

この書物には、一五人の遺族の手記が掲載されている。ある遺族の男性の手記は「神と仏と祈り」と題され、次のように始められている。

私は福知山列車脱線事故で一人娘をなくしました。/この時ほど、神仏を恨んだことはない。/事故現場へ行く車の中で、どうか無事であってくれ、生きててくれー、と心の中で何度も何度も祈りました。/二日間ありとあらゆる病院を廻りましたが、みつかりません。/孫達三人が、おじいちゃん、おばあちゃん、もうお家へ帰ろう、とやさしい言葉をかけてくれ、母のことも判らずに三田（さんだ）の家へ帰り、床に毛布をしいて、孫達と一夜を明かし、私は神棚に手を合わせ、娘の無事を祈り続けました。

ようやく安置所で娘の遺体に出会う。まぎれもなく娘だった。

目の前が真っ暗になり、妻はその場で棺に寄りかかり、泣き叫び、もう地獄地獄。／私はこの時、神仏を恨みました。／あれ程、「無事で」と祈ったのに。／娘は人一倍やさしい子なのに、なぜうちの娘に、と。（六七－六八頁）

この男性は神仏に手を合わせることが多かったようで、西国巡礼三十三カ所、四国遍路八十八カ所もお参りする機会があったようだ。だが、「神仏がわからなくなりました」と書いている。

それから五年たったが、今でも「あのことは私の心の大きな傷として残り、薬でも医者でも治らない。墓場まで持っていくしかないと」思っているという。だが、「もうこんな苦しみは私だけでよい、と祈るのみです」とも、「しかしまた、この傷は神仏しか治せないかもしれません」とも記している（六八頁）。信仰心厚い方のようだが、その信仰が揺さぶられるような経験だったようだ。だが、だからこそ新たに神仏に心が向かうという心境が語られている。

人災による悲しみの困難

だが、神仏に対する思いを語っているこの男性の心の奥には、事故を起こした加害者であるＪＲ

西日本に対する思いもあるのではなかろうか。阪神・淡路大震災でも多くの遺族に寄り添ってきた高木慶子シスターは、この事故の被害者に寄り添うことによって、「天災」と「人災」の違いで悲嘆のあり方にも大きな違いが生じることについて再認識したという。

「天災」は自然が原因で起こる災害であり、地震・津波・台風・竜巻・洪水などで、加害者が見えず、神や仏などに怒りが強くあり、また自責の念や罪悪感が強く、悲嘆も長く続くことがあります。／また一方、「人災」の場合は、人間がその原因に深く関わっており、加害者が明確に存在するため、被害者の怒りが強く、病的な悲嘆になる人々も少なくないことが、この度の事故でも表れてきたように考えます。（一二二頁）

高木シスターによると、遺族の方々は「この事故は、事故ではなく事件だ……」と述べることも多いという。また、「家族はJR西日本によって殺された……」と述べる遺族もいるという。そこには激しい怒りや恨みつらみが渦巻いている。高木シスターはそれを「暴力的とも思われる感情」と形容している。ある遺族は、事故の七年後に、もし加害者が一人で、死亡していたら、「誰を責めることもなく、亡くなった子どもの冥福を毎日祈り、心安らかに日常生活ができるように努めたいと思うでしょう」と記しているという。しかし、今でもJRの電車を見る度に、「加害者はこんなに元気に活発に生きている。それに対し、私のこの苦しみや悲しみをどうしてくれるんだ」と思ってしまうのだと（一二四－一二五頁）。

生きる意味がわからなくなる

日本で「グリーフケア」の語が広く知られるようになるのは二一世紀に入ってからで、二〇〇五年四月のJR福知山線（宝塚線）の脱線事故が大きなきっかけとなった。『〈悲嘆〉と向き合い、ケアする社会をめざして』という書物は、遺族の声を通してその経緯を理解させてくれる。そこには宗教的な問いがある。「生きる意味」を問い直さざるをえなかったと述べる人もいる。

一八歳の娘を失ったある女性は次のように述べている。

娘を亡くしてから、私の生きる意味がわからなくなってしまいました。私のというより、母親として生きる意味がなくなってしまったように感じたのです。母親として子どもを守れなかった。最期のときにそばにいてやれなかった。親の私たちより先に一人で逝かせてしまった。それらのことが心に突き刺さりました。「もし、あの時こうしていたら」とか、「あれは夢で、『連絡できなくてごめんね』と言って、娘がひょっこり帰ってくるのでは」などと想っては現実に引き戻され、打ちのめされました。「何故、娘が死んだのか。死ななければならない理由があったのか」という問いの答えを見出すことができず、やるせない思いに自分を責め、母親として失格で、こんな私は存在する意味がないとも思いました。（三〇頁）

心ない言葉にさらに傷つく

匿名で悲しみを記しているこの女性は、親切なつもりの周囲の人々の言葉によって、さらに傷つけられもしている。宗教的な次元をもった問いに対する人々の無理解が悲しみをいっそう深いものにしたようだ。

> この五年余りの月日は、私や家族の心の中にいろいろな思いをわき上がらせただけでなく、社会的にも様々な形で扱われたため、私たち遺族にも影響を与えました。（中略）周りの方々から差しのべられた援助は温かく、嬉しかったことや助けられたことの方が多かったのですが、時には傷つくこともあり、辛くて悲しい気持ちになることもありました。（三一頁）

親切心から出た言葉にひどく傷ついたこともあった。「いつまで泣いているの。それでは死んだ人は浮かばれないよ」、「何かの祟りかもしれませんね。お祓いをしなければ」、「お宅はまだいいですよ。お子さんのご兄弟がいらっしゃるから。あちらの方は、ひとり子でしたから大変ですよ」などなど。

> 悲しくても泣くことができず、娘が事故に遭ったのは何かの祟りで、その祟りの元が私自身だと責められているような気がして、やり場のない苦しみが心の底にたまっていきました。娘は、誰に代わることのできない、世界で唯一無二の存在であるのに、まだ子どもがいるからいい、と言われたことに対しては、憤りを感じました。亡くなった娘の存在が傷つけられたような気がしました。（三一－三二頁）

本項の初めに、被災者の心には宗教的な問いがあると書いた。それを察してか、親切心で宗教的な解釈に基づく慰めのつもりの言葉をかける。ところが、逆にそれが悲嘆のさなかにいる人をさらに傷つけてしまう結果になることがある。宗教心そのものが必ず心を癒す効果をもたらすとは限らない。宗教の癒す力が反転して排除する力となり暴力となって人の心をえぐるようなこともある。

スピリチュアルケアの知識と経験

この女性は、医師やカウンセラーとともに、スピリチュアルケアの経験を積んできた宗教者によっても助けられたようだ。

「悲しいんだもの、泣いていいんだよ」と言ってくださった牧師先生。心身症になったとき、体調を根気よく診てくださった心療内科の先生と、私の話を泣きながら、ゆっくり解きほぐすように聴いてくださったカウンセラーの先生。悲しくて祈れなくなり、「どのように神様に祈ればいいのでしょう」と尋ねたとき、「喜びだけでなく、悲しみも、神様に捧げることができる感謝を祈ればいいのですよ」と言ってくださったシスターとの出会い。私に示された大いなる恵みにも、本当に感謝でした。(三三頁)

この女性は相談相手としてじっくり接してくれたであろうこうした聴き手・助言者の助けを得て、立ち直ってきたようだ。「娘は亡くなりましたが、生前と変わりなく私たちの中に存在していますし」とも、「母親として子どもたちにできることは、私が思っていたよりも少なく、逆に、子どもたちから貰うものの方がはるかに多いのだ、ということにも気づかされました」、「子どもを守れなかったという自責の思いは、『子どものためならなんでもできる』と思っていた、私の母親としての思い上がりではなかったのか、と今は思います」とも述べている。この女性は、深い悲嘆を経験することによって、より深い宗教的な自省の次元へと降りていくことができたのだろう。「子どもたちの存在そのものが、大いなる神様からの賜物だと思えるのです」とも述べている（三三―三四頁）。

この女性はたぶん以前からキリスト教に親しみがあり、それが悲嘆を受け止め新たに生き直していく力になったといえるだろう。だが、その際、仏教者の言葉も助けになったようだ。「振り返ってみますと、この年月は、人と人との関わりによって癒されてきたといえます。自分の力だけでは支えきれない悲しみでした。僧侶でチャプレンの先生から、『共苦共楽』という言葉をいただきました」とも述べているのだ（三四頁）。

「悼む」とは何か？

毎年、八月六日、九日、一五日には多くの人が黙祷する。あるいは手を合わせる。では、そのことをどういう言葉で表せばよいのか。

神仏や霊の存在を信じているなら「祈る」「念ずる」だが、苦難を負った人、亡くなった人のことを思いながら、神仏に思いが及ぶとは限らない。では、何に向かって「手を合わせて」いるのだろうか。

昨今、私たちは「悼む」という言葉の意味を見直しているようだ。悼む相手は亡くなった人であって神仏ではない。神仏ではないが手を合わせるのは、そこに尊い何かがあるからだ。それを「死者の霊」とか「みたま」とよぶ人もいる。だが、「霊」とか「たま」「たましい」は実感がわかないという人もいる。ならば、「死者を悼む」で差支えない。そこに尊いものがある。

では、他者をどのように「悼む」のか。多くの現代日本人は、そういう問いを自らに投げかけているようだ。

『おみおくりの作法』と前後して、『悼む人』の映画（堤幸彦監督、二〇一五年）を観た。この映画は天童荒太の小説、『悼む人』に基づく作品だ。この作品は、まさに「悼む」ことの意味を、読者・観客に問いかける内容をもっている。

天童がこの小説を書こうと思い立ったのは、二〇〇一年九月一一日のアメリカ同時多発テロ事件、そしてそれに対する報復攻撃で多くの死者が出たことだったという。そうした死者を単に忘れ去る私たちは何者なのか、そのような私たちのあり方を超えていけるのか、こんな問いが出発点にある。

『悼む人』の悼む作法

主人公の坂築静人（さかつきしずと）は「何の落ち度もないのに殺された人、思いもよらぬ火災や地震などの災害で亡くなった人、他人の過失による事故で命を落とした人」（天童荒太『静人日記――悼む人Ⅱ』九頁）のことを知ろうと尋ね歩き、一人でその人を悼む自分なりの儀式を行う。三〇歳の彼は、さまようように不慮の死者がいる各地を訪れ、そこで自分流の「悼み」の礼を行うのだ。

どうやら人間であるらしいその影は、左膝を地面につきました。次に、右手を頭上に挙げ、空中に漂う何かを捕らえるようにして、自分の胸へ運びます。左手を地面すれすれに下ろし、大地の息吹（いぶき）をすくうかのようにして胸へ運び、右手の上に重ねました。横顔が見えるあたりへ回り込むと、その人物は目を閉じて、何かを唱えているらしく、唇が動いています。（『悼む人』上、一二頁）

何をしているのかと聞くと、「いたませて、いただいていました」と答える（同、一三頁）。「彼・彼女が、誰を愛し、誰に愛され、どんなことで感謝されたことがあったか」を書きとどめ、胸に刻む。そして、「この姿こそ覚えておきます、と約束する」（『静人日記』（九－一〇頁））。身近な人の「冥福を祈る」というのとは異なり、遠いけれども痛ましい他者を「悼む」のだ。原爆の死者への思いにも、東日本大震災の死者への思いにも通じるものだ。第二次世界大戦以後の世界、アウシュヴィッツや原爆以後の世界を生きる私たちが「悼む」こと、「手を合わせる」ことのなかにはこうした位相がある。

悼むことにこだわる理由

では、なぜ静人はこのような儀礼を続ける旅に出るようになったのか。『悼む人』の第五章で、母の巡子はいくつもそれに関わる静人の経験を語っている。もっとも重い経験は、父、鷹彦とその父、つまり静人の祖父に関わるものだろう。

静人の祖父は、愛媛県今治で一九四五年八月六日に空襲にあった。四五〇人を超える人が死亡したという。広島に原爆が落とされた日の記憶はことごとに蘇るが、今治のこの空襲を覚えている人は少ない。鷹彦の二つ年上の、当時五歳だった兄は、今治の空襲で重傷を負い、しばらくたって亡くなった。鷹彦の父は教師だったが、多くの女生徒が動員先の工場で亡くなった。鷹彦の父は軍務で外に出ており、その場にいなかったので、それを知ってひどく罪の意識を抱いたという。そんな父の悲しみを小さな身に受け止めざるをえなかったのか、三歳の鷹彦は言葉を話さない子どもになっていった。そして大人になっても対人恐怖症が残った。

鷹彦と結婚した巡子自身もつらい死別の経験をもっていた。兄の継郎（つぎお）が、一六歳で白血病で早世した。その継郎は、「彼自身の命の時間を、病気がちだった巡子のために使ってくれるように神様に頼んだ」のだという。

まるで願いが聞き入れられたかのように、継郎は白血病に倒れ、巡子は健康となった。死の直前に継郎は、これは願い事のせいではないから気にしないようにと巡子に言い、でももしも巡子と彼女の子どもに自分の命の時間が渡るなら、それもいいかなと言い残し、息を引き取った。

（『悼む人』上、一三三頁）

巡子はこれを前向きに受け止めようとしてきたが、今も自責の念が残っている。静人が小学校三年のとき、鷹彦の父は八月六日の慰霊の集いのあと一泊すると言って家を出た。集いの後、彼はホテルから海を見に行くと言って出たまま帰らず、翌朝早く、浜に打ち上げられた遺体が発見された。

「悼む人」はこうした、忘れられていく無残な死の記憶を自らに「受け」、痛みを負ってしまう。そして、それを忘れてはならないと「受け止め」ようとするのだ。

異常死者慰霊・供養の系譜

『悼む人』の主人公、坂築静人がものに憑かれたように続ける「悼む」行為は、ある意味では日本人にとって見慣れたものだ。

　無惨な死をとげたり、見捨てられて死んでいったり、無念な思いを残して死んでいった人を慰霊・追悼するのは、日本人にとってなじみ深い行為だ。政敵に追われ無念の死をとげた人物が祟り、後に御霊（ごりょう）として祀られ救いの神になるという御霊信仰は、天神信仰を始めとして少なくない。

　戦争の死者は敵味方を問わず供養するが、それは祟るのを恐れる気持ちも入っている。「怨親（おんしん）平等」とは、敵・味方の差別なく、恩讐を超えて平等に解脱や極楽往生を願うという仏教の思想だが、それは殺された者の恨みを前に供養せざるをえない思いに支えられている。一三世紀に襲来した蒙古人兵士を慰霊する施設も各地にある。

　墓地に行けば、古くて置き場のない墓石が積み上げられていて、無縁仏を表すものになっている。ゴミソ、カミサマ、ユタ、稲荷行者などとよばれる各地のシャーマンは、不幸な死をとげた霊を慰める儀礼を行い、それによって生者が平穏に暮らせることを願う。近代の法華系の仏教団体では、先祖供養に力を入れるが、その「先祖」には祀られていない人びとが包摂され、「三界万霊（さんがいばんれい）」への供養という性格も込められている。一九七〇年頃から広まった水子供養は、現代における怨霊供養の新たな様式と言えるだろう。

第二次世界大戦で亡くなった方への慰霊や供養は現代日本の宗教文化の大きな一部をなしている（本書第7章）。靖国神社、護国神社、千鳥ヶ淵戦没者墓苑や沖縄摩文仁の平和祈念公園、原爆慰霊施設、各地の忠霊塔や戦死者慰霊碑等々。そして、大災害の被害者のための祈りの場。近いところでは、阪神・淡路大震災や東日本大震災の犠牲者のための慰霊・供養の場が思い浮かぶ。

化野念仏寺と水子供養

水子供養がその名で広まったのは一九七〇年頃からだが、流産・死産の子や死んだ赤子のための祈りは、この時期、新たに始まったものではない。たとえば、京都市右京区の化野念仏寺の水子供養について、『週刊女性』の一九八〇年一二月二三日号は次のように伝えている。

> 一九七〇年四月、北海道旭川から訪れた老夫婦の発願から水子地蔵を祀り、一九七〇年御堂を作ったことからはじまった。同寺の分身として、久留米・名古屋・四国など十ケ所に水子供養会がある。／境内の石塔群は、境内や化野に散乱していたものを明治中期に中山通幽師がまとめたものが、いつのまにか西院の河原と呼ばれ、八月の地蔵盆に万灯会がおこなわれるようになった。六月二十四日は水子総供養となっている。（森栗茂一『不思議谷の子供たち』一〇八頁）

化野は古来、葬送の地で、初めは死体を放置するだけであったが、後には土葬となり、人々が石仏を奉り、永遠の別離を悲しむ場所になっていった。ここに空海が五智山如来寺を開創し、その後、法然上人の常念仏道場となったとされる。現在は浄土宗の華西山東漸院念仏寺となっている。境内には多くの石仏・石塔があるが、これはかつて化野一帯に葬られた人々のために供えられたものである。何百年という歳月を経て無縁仏と化し、化野の山野に散乱埋没していたものだ。

これを集めて新たな礼拝の場としたのは中山通幽（一八六二－一九三六、多田通幽とも名乗った）という人で一九〇三、四年頃のことである。岡山県高梁（たかはし）生まれの通幽は求道心あつく、当山派で修験道を修し、井上円了の哲学館（現在の東洋大学）に学び関西哲学館を開きもした。その後、無縁仏や動物の供養に努め、一八九五年に大阪で無縁法界講、一九〇八年には福田海（ふくでんかい）という宗教団体を起こした。これらの団体は無縁仏の供養をし、無縁墓を集めて祭壇を築いて安置し、千灯供養（多くの灯籠に火を灯し死者の冥福を祈る儀礼）によってあつく弔い、さらに墓相を研究してよい墓を広める活動を行った。通幽が集めた無縁墓は二〇万基を超えるという。宗教団体福田海は現在も存続し、岡山市に本部がある。

水子供養の背後の悲嘆

『週刊女性』のこの記事では、現在の化野念仏寺の光景を次のように描いている。

パンフレットには「竹林と多聞塀を背景に、茅屋根の小さなお堂は、この世の光はもとより母親の顔すら見ることもなく露と消えた『みず子』の霊を供養するみず子地蔵尊で、毎月お地蔵様の縁日には、本堂にみず子地蔵画像をおまつりする。子供の無事成長・安産を祈り、又心ならずも水子を葬った人々のお参りがあります」とある。／経木料は一〇〇〇円、ちょうちん奉納料三〇〇〇円、みず子扇供養一〇〇〇円である。／提灯供養者の性別は全三十件中、女十三名、男女十五組、男一名、医療法人一。／参拝者の年齢は、月参りに来る熱心な人は、五十歳以上の女性に多い。若い人は観光のついでに立ち寄る者が多いという。女性または男女の旅情を含んだような供養が展開している。（同前）

大阪府箕面（みのお）市の勝尾寺は西国三十三カ所観音巡礼の札所であるが、戦後、水子観音とよばれるようになったという。森栗茂一『不思議谷の子供たち』は以下のように紹介している。

左手に赤子を抱き、足元に二人の赤子がすがっている水子観音像がある。玩具と千羽鶴が供えられている。もともと慈母観音といっていたのが、一九四五年十一月三日に誰かが水子供養をはじめたところ、人づてにふえ、水子観音とよばれるようになったとも、住職の奥さんが流産しかけたが無事出産できてからとも、という。一九七〇年の大阪万博の年にドライブウェーができ、参拝者が増え、各自供養料を持ってきていた。一九七五年に各自の志であった供養料を統一しようということになって現在にいたっている。（一一四頁）

堕胎や間引きへの罪の意識と悲嘆

水子に対する罪意識はけっして新しいものではない。森栗は、井原西鶴『好色一代女』巻六「夜発の付声」の一節を引いている。

一生の間、さまざまの戯れせしを、思ひ出して、観念の窓より覗けば、蓮の葉笠を着たるやうなる子供の面影、腰より下は血に染みて、九十五六ほども立ち並び、声のあやぎれもなく、「負はりょ、負はりょ」と泣きぬ。「これかや、聞き伝へしうぶめなるべし」と気を留めて見しうちに、「醜い母様」と、銘々に申すぞ、「さては、昔、血下ろしをせし親なし子か」と悲し。（三〇頁）

「おんぶして、おんぶして」と泣き叫ぶ子どもの姿が思い浮かぶ。森栗は「蓮の葉笠」は胞衣（えな）を表すものであろう、また、「うぶめ」はふつう亡くなった妊婦（胎児と分離して生かしたため祟り出る死した産婦）を指すものだが、ここでは堕胎された親なし子という意味であろうと解説している。

森栗は柳田國男の「故郷七十年」から、少年時代の柳田が茨城県利根町布川（ふかわ）の地蔵堂で見た「子がえしの絵馬」についての叙述も引いている。

その図柄が、産褥（さんじょく）の女が鉢巻を締めて生まれたばかりの嬰児を抑えつけているという悲惨なものであった。障子にその女の影絵が映り、それには角が生えている。その傍（かたわら）に地蔵様が立って泣いているというその意味を、私は子供心に理解し、寒いような心になったことを今も憶えている。（二六－二七頁）

「子がえし」というのは、生まれてくるはずだった子どもを生まれる前の状態に戻して、また生まれ直してもらうというお詫びの気持ちの混じった表現と受け取れる。絵馬の製作・奉納には、僧侶らが教え諭したことの影響もあったかもしれない。罪の意識と悲しみの心情が背後に隠されていると見てよいだろう。

主人公、静人にとって「悼む」とは？

ここまで日本における異常死者の慰霊・供養の文化伝統の流れを見直してきたのは、『悼む人』の「悼む」行為が日本の慰霊や供養の伝統から何を引き継ぎ、どのような点で新しいのかを見定めるためだ。

『悼む人』が「悼む」のはどういう人たちか。まず、忘れられた非業の死者、忘れられるであろう非業の死者に対するこだわりが特徴の一つだ。坂築静人が悼む対象にするのは、新聞記事の片隅に載るような死者たちだ。新聞記事に載るのだから気になることではある。つまりは「異常」な死、無惨・無念な死なのだが、その後、多くの人が関心をもち続けるようなものではない。すぐに忘れられていくような、個々別々の事件の犠牲者たちだ。静人は一人ひとりそれぞれについて固有の仕方で悼むことをしたいのだ。

もう一つの特徴は、「悼む」という言葉の意味と密接に関わっている。「祈る」というのではない。大学卒業後、医療機器メーカーに勤めながら、無名の死者たちに対する忘却に胸を痛めるようになった。そして、新聞記事で見つけた事故・事件の犠牲者のゆかりの場所を訪れるという行為を始め、やがて仕事をやめて「悼む」巡礼の旅で日々を過ごすことになる。

まだ仕事を続けながら「悼む」行為をはじめた頃、静人は母親の巡子に「他人の死を求め歩いて、どんな慰めになるのか、何の意味があるのか」と問いつめられる。

「悼む」とはどういうことか?

静人は苦しげな表情で首を横に振った。なぜそうするのか彼自身も説明できない様子だった。(島薗注:妹の)美汐が業を煮やし、まさか日本中の人の死を祈って回るつもりじゃないでしょと言った。/祈るなんておこがましい、と静人は答えた。自分には祈る資格も権利もないことが、人の亡くなった場所を歩いてみて、わかってきたという。じゃあ何をしてるの、と美汐が訊いた。/「……覚えていられないか、と思ってる。なんとか、覚えつづけていられないかって……」(『悼む人』上、二五〇頁)

「悼む」ことは「祈る」ことと異なる。そこには罪悪感が関わっている。父の鷹彦も静人自身も、死にゆく他者に何もできずに生き残っていく自分を責めざるをえなかったことに苦しんでいる。罪悪感はあるが、それを「祈る」ことで癒すことはできないと感じている。

鋭い理解力をもつ母親の巡子に問われて、やがて静人は「悼む」という言葉を思いつく。

人が亡くなった場所を訪ね、故人へ想いをはせる行為を、静人は初めて「悼む」と表現した。/言葉の意味を問うと、冥福を祈るわけではなく、死者のことを覚えておこうとする心の働きだから、祈るより「悼む」という言葉が適切だと思って、と、ぼそぼそと力のない声で答えた。

（同、二五五頁）

「祈る」ときには、応答する存在が前提とされている。だが、静人は悪の体験に対して応答がないことに苦しんでいる。「悪はどこからくるか」、「どうすれば悪は克服できるか」――伝統的な宗教は答えをもっている。その答えにそって「悪に対処する祈り」があった。だが、今やその答えを受け入れられない人が多い。いや、信仰者であっても、伝統的な答えでは十分ではないと感じていることが多い。

無念の死・見捨てられる死

天童荒太の小説『悼む人』とそれに基づく映画作品が、無惨な死、無念の死にどう向き合うかという問いをテーマとしていることを見てきた。東日本大震災以後にこの作品に接すると、作家がよく時代の深層を見抜いていることが察せられる。『おくりびと』や『おみおくりの作法』でも誰にも世話されることなく去っていく死者、見捨てられて死んでいく死者が注目されていた。これは近年、「孤独死」とよばれるような事柄と関わりがある。前にも述べたが、二〇一八年一月、イギリスで孤独担当大臣というポストが作られたことも思い起こされる。

だが、無惨な死、無念の死、あるいは見捨てられた死者ということであれば、必ずしも新しいことではない。第二次世界大戦で亡くなった多くの人びとがおり、それは現在に至るまで私たちに重い問いを投げかけ続けている。戦争中に海外でいのちを失った多くの兵士たち、原爆や空襲や沖縄戦で亡くなった方々、また、日本軍によって殺された人々のことはなかなか忘れることができないし、多くの人びとが忘れてはならないと考えている。

したがって、戦争死者のための宗教的な追悼の営みも数多く行われてきている。八月六日、九日、一五日の前後に行われる追悼行事は今なお、多くの国民が大切な行事だと考えている。この七〇年の間に全国で築かれてきた戦争死者のための慰霊・追悼の碑の数もまことに多い。これについては、国立歴史民俗博物館編『近現代の戦争に関する記念碑——「非文献資料の基礎的研究」報告書』で何とかその全貌をつかむことができる。第8章で詳しく述べるが、村の女性によって営まれてきた御詠歌講が、戦後、多くの伝統仏教教団によって引き継がれ、隆盛をほこったのも戦死者の慰霊・追悼という動機が大いに関与しているだろう。

だが、東日本大震災後に無惨な死、無念の死、あるいは見捨てられて世を去った死者が思い起こされる場合、そこに新しい様相が加わっていることが見てとれる。たとえば、「グリーフケア」という言葉に関心が集まっているということがある。

公認されない悲嘆

「グリーフケア」という言葉が知られるようになる三〇年ほど前に、水子供養が広まる動きが始まっていたのは興味深いことだ。これは日本の宗教文化にとってはなじみ深い「見捨てられた死者」を悼む新たな儀礼といえる。無縁仏を供養する信仰は、古来なされてきたが、化野念仏寺では明治時代に中山通幽が新たな無縁仏供養の活動を展開し、それは一九七〇年頃以降の水子供養の興隆に引き継がれていった。天童荒太が『悼む人』で描いた死者たちも、「見捨てられた死者たち」が多かった。

この「見捨てられた死者たち」を悼み弔う側に焦点を当てると、それは「人知れず悼み弔う人たち」ということになるだろう。「人知れず悼み弔う人たち」は昔からいたかもしれない。しかし、そこに現代的な様相を見ることもできるだろう。「人知れず悼み弔う人たち」は悲嘆を孤独な心の内に抱えている人たちだ。悲嘆を他者とともに分かち合うことがたいへんしにくい人たちである。このような人たちが増えている。また、悲嘆を抱える多くの人たちにとって、「人知れず悼み弔う人たち」の悲嘆が身近に感じられるようになっている。

グリーフケアの領域では、このように「人知れず悼み弔う人たち」のことが注目され、「公認されない悲嘆」(disenfranchised grief)という言葉が用いられるようになった。一九八九年にケネス・ドーカが提示したもので(概要は、坂口幸弘『悲嘆学入門——死別の悲しみを学ぶ』五–六頁)、社会的に正当性が認められていない悲嘆を指す。たとえば、隠れた家族(同性愛カップルの相手)や恋人(不倫の相手)や友人の死、中絶や流産、幼い子どもの死、自殺やエイズ患者の死などに見舞われた場合だ。「公認されない悲嘆」は自らの胸の内にしまわれてしまい、他者と分かち合う機会がない、あるいは乏しい。そのことが生き残った者を孤立させ、悲嘆を厳しく、癒しの得られぬものにしてしまう。喪失による打撃から抜け出しにくい悲嘆を「複雑性悲嘆」と名づけて通常の悲嘆と区別することもあるが、「公認されない悲嘆」は「複雑性悲嘆」になりやすい傾向がある。

悲嘆を分かち合う場と関係を求めて

ところが、現代社会で生じているのは、悲嘆を抱く人が孤立しやすく、他者と悲嘆を分かち合う機会を得にくいということである。多くの悲嘆があたかも「公認されない悲嘆」であるかのように感じられてしまう。別の言い方をすれば、「ともに悲嘆を生きる」という実感をもちにくいのだ。水子供養を行う人々は、それぞれ隠れるようにお参りに行く。これはまさに「公認されない悲嘆」を経過するための行動だ。他方、『悼む人』に登場する人々は、それぞれの事情で悲嘆を公認されないものとして受け止めざるをえない人々だった。

悲嘆のさなかにいる人々は、かつては家族・親族、あるいは地域社会といった共同性のなかにいた。重い喪失を経験する人々は「悲嘆をともに生きる」人々の実在を感じ取りながら、寂しさつらさを経過することが多かった。多くの人々は成長の過程で、悲嘆を抱える人々とともに悲嘆を分かち合う行事に参加し、それを見守る経験をもっていた。だが、現代社会ではそのような共同性が乏しくなっている。あるいは薄くはかないものになっている。そこで、他者が支援するなかで、悲嘆を分かち合う場や関係が求められるようになった。

二〇一一年の東日本大震災はそのことをわかりやすく示す機会となった。一九九五年の阪神・淡路大震災では、精神科医や臨床心理士による「心のケア」が注目された。しかし、その背後では、ボランティアによる寄り添いの支援活動が広がりつつあった。この章の初めに述べたように、その後の各地での地震や事故・事件等を通して、寄り添い型の支援活動の意義が認識されるようになってくる。この過程は、孤独のなかに閉じ込められがちな悲嘆を分かち合う、新たな場や関係が求められるようになる過程だった。

グリーフケアが目指すものは、個々人の悲嘆についての精神医学的・心理学的なケアであるとともに、こうした新たな場や関係の構築でもある。日本社会はますます孤立化が進む。高齢者だけではない。引きこもりの人、虐待される子ども、家庭を温かい環境にできない親たち、自殺を考える人たち、うつに苦しむ人たち等、共感し合う関係を求めて得られない人々が多い。悲嘆に苦しむ者と寄り添って他者を支えたいと思う人が重なり合っている。そこに生じる場や関係は、効率性や対価提供にしばられるふだんの社会生活では排除されがちなものである。グリーフケアはこのような社会のあり方を問い直す動きでもある。

参考文献

ジークムント・フロイト「悲哀とメランコリー」("Trauer und Melancholie", 1917)『フロイト著作集』6(井村恒郎・小此木啓吾他訳)人文書院、一九七〇年
エリザベス・キュブラー・ロス『死ぬ瞬間――死にゆく人々との対話』(川口正吉訳)読売新聞社、

一九七一年（*On Death and Dying*, 1969）
同『ダギーへの手紙――死と孤独、小児ガンに立ち向かった子どもへ』（アグネス・チャン訳）佼成出版社、一九九八年（*A Letter to a Child with Cancer*, 1979）
アルフォンス・デーケン『死とどう向き合うか』日本放送出版協会、一九九六年
島薗進「死生学とは何か――日本での形成過程を顧みて」（島薗進・竹内整一編『死生学［1］死生学とは何か』東京大学出版会、二〇〇八年）
高木慶子・上智大学グリーフケア研究所・柳田邦男編著『〈悲嘆〉と向き合い、ケアする社会をめざして――JR西日本福知山線事故遺族の手記とグリーフケア』平凡社、二〇一三年
柳田邦男『犠牲（サクリファイス）――わが息子・脳死の11日』文藝春秋、一九九五年
天童荒太『悼む人』文藝春秋、二〇〇八年（文春文庫、全二冊、二〇一一年）
同『静人日記――悼む人Ⅱ』文藝春秋、二〇〇九年（文春文庫、二〇一二年）
森栗茂一『不思議谷の子供たち』新人物往来社、一九九五年
柳田國男「故郷七十年」『柳田國男』ちくま日本文学、二〇〇八年
国立歴史民俗博物館編『近現代の戦争に関する記念碑――「非文献資料の基礎的研究」報告書』（『国立歴史民俗博物館研究報告１０２号』）二〇〇三年
坂口幸弘『悲嘆学入門――死別の悲しみを学ぶ』昭和堂、二〇一〇年

第2章　グリーフケアと宗教の役割

災害支援と仏教僧侶の活動

前章で述べたように、一九九五年の阪神・淡路大震災の被災者支援では、「心のケア」という言葉がさかんに使われた。だが、「グリーフケア」という言葉を耳にした人はあまりいなかったはずだ。この時はまた、仏教界の支援活動が注目される機会も少なかった。

「心のケア」というと精神科医や臨床心理士が思い浮かべられる。これに対して、「グリーフケア」というと宗教が関わるものというニュアンスが強まる。二〇〇五年のJR福知山線（宝塚線）の脱線事故では「グリーフケア」が注目されるようになっていた。第1章では、『〈悲嘆〉と向き合い、ケアする社会をめざして』という書物に収録された遺族の手記を通じて、この事故では宗教的な要素を含んだケア、つまりはスピリチュアルケアが求められる傾向があった様子を述べてきた。

阪神・淡路大震災では、仏教界の支援活動が注目される機会は少なかったと述べたが、もちろん仏教界の活動がなかったわけではない。宗教社会学者の三木英（ひずる）氏は『宗教と震災――阪神・淡路、東日本のそれから』で高野山真言宗の青年教師会が実施した「震災モニュメント巡礼」について述べている。震災七回忌（二〇〇一年）、十三回忌（二〇〇七年）、十七回忌（二〇一一年）に行われたものだ。

高野山奥の院・燈籠堂の「貧者の一灯」を被災地の震災モニュメント前に供え、犠牲者の冥福を祈るというのがその内容であった。「貧者の一灯」とは、貧しい女性が自らの髪を売って得た僅かな金で油を贖（あがな）い献じたものと伝承されている。心のこもった行為の尊さを表すものであり、被災地で発揮されたボランティア精神に通ずると解されたものである。（一四四頁）

震災モニュメント巡礼

三木氏は二〇〇一年の企てについて、「宗教者ならではの取り組みであり、僧侶たちの真摯さがそこにうかがえる」と述べ、そのあらましを紹介している。

同年一月一〇日に分灯された「貧者の一灯」は神戸市東灘区の寺院を経由し、同月一五日に神戸市東遊園地「1・17希望の灯り」まで全行程を徒歩で運ばれ、さらに「希望の灯り」前で一二に分かたれた。それを各グループが被災全域の（その時点で存在が確認されていたすべてである）一二〇の震災モニュメントまで車で運び、供えて、犠牲者の菩提を弔ったのである。（同前）

多くの信者がこれをありがたく迎えたことだろう。「法要に参加して僧侶とともに祈りを捧げた者も少なくはなく、未明のつどい会場で宗教者を見かけ、ともに祈った一般参加者もいたことだろう」（二四五頁）。確かに仏教が宗教的なケアに関わった意義深い企てだった。

だが、三木氏はこう付け加えてもいる。「ただそこに、宗教者と非信者である『旧』被災者たちとの連帯を見出すことは難しい」（同前）。仏教の僧侶がグリーフケアに貢献したとしても、それは伝統的な儀礼の実施というところに力点があったことが示唆されている。仏教の僧侶の儀礼が被災住民との間にケアの関わりを結ぶような機会は、阪神・淡路大震災ではやはり目立たなかったようだ。

その後の災害支援と寄り添い

しかし、その後、状況が変化してきている。前章で示したように、二〇〇五年のJR福知山線（宝塚線）の脱線事故では、カトリックのシスターである高木慶子氏がグリーフケアに大きな役割を果たした。『〈悲嘆〉と向き合い、ケアする社会をめざして』には仏教の僧侶がケアに関わったという記載はわずかである。だが、同じ頃、仏教の僧侶によるグリーフケアや困窮者支援の活動がさまざまに行われ始めていた。

全国曹洞宗青年会（全曹青）は一九七五年に発足し、一八歳から四二歳まで約三〇〇〇人の会員がいる組織である。全曹青が災害ボランティアに関わるようになったのは阪神・淡路大震災以降だ。一九九五年にはまだ慣れない活動だった。だが、その後、二〇〇四年一〇月二三日の新潟県中越地震、二〇〇七年三月二五日の能登半島地震などで積極的に活動し経験を積んでいった。

能登半島地震で全曹青のメンバーが行った支援活動について、曹洞宗静岡県第一宗務所青年会のホームページに掲載されている広報誌『緩歩』三号の記事を見てみよう。四月の初めに大本山總持寺祖院のお膝元でもある、輪島市門前町の被災者に対して行った支援活動の記述がある。「今回は、主に『おやつ炊き出し』（行茶隊）（中略）をおこないました」とある。「おやつ炊き出し」というのは、「温かいお茶とお菓子を召し上がって頂き、気持ちを和らげてもらうとともに、ゆっくりお話を聞かせて頂く」というもの。それによって心のケアと、被災者のニーズ調査を兼ねる活動を指す。「静岡ならではの茶葉と煎茶用の急須、名産のお菓子をお土産に持参し、これに参加させて頂きました」

二〇〇四年の中越地震の支援活動についての「新潟中越地震ボランティア報告書」を見ると、主な活動は炊き出しや片付けだったことがわかる。この間に「行茶」ボランティアがあみ出され、東日本大震災ではこれが大きな基軸となって長期にわたって行われることになる。被災者に寄り添い、傾聴する支援活動が次第にその重要性を増していったことがうかがわれる。

死者を悼み生者に寄り添う

若手僧侶がグリーフケアに携わる。東日本大震災ではそれが目立った活動となった。では、これは伝統仏教の僧侶にとってまったく新しい宗教活動の取り組みだったのだろうか。

檀家制度のなかでは自覚されにくかったのかもしれないが、僧侶の葬祭への関わりは死者を悼み遺された人の悲しみに寄り添う慈悲の行としての側面が大きい。たとえば、宮城県亘理町の真言宗智山派観音院の境内でのことだ（北村敏泰『苦縁――東日本大震災　寄り添う宗教者たち』四一頁より数頁）。

観音院では二〇一一年三月二二日から犠牲者計一二一人の仮土葬が行われた。近傍で九〇〇人近い死者が出たが、なかなか埋葬の土地が見つからなかった。「皆が困っている時に助けるのが寺だ」との信念をもつ本郷正繁住職（六九歳）は進んで境内を提供した。土葬を忌避する心情もあり、反発されることもあった。

だが、そこになお一層の悲嘆がある限り、それに向き合い、癒やすことを考えた。「それが坊さんの役割です」。穴の傍らには焼香台を備え、棺を埋める際には花を供えたり遺族にも少しずつ土をかけて祈ってもらう。昔の土葬の儀礼だ。（中略）／だがこの仮土葬は「葬儀ではない」、と本郷住職は強調する。俗名のままで、引導も渡さない。それは亡くなった人が他の寺の檀家かもしれないからだ。（中略）／本郷住職は、「あくまで供養。私の気持ちです」と布施も受け取らず、四十九日法要も寺側の判断で（島薗注：本堂ではなく）檀徒会館で営んだ。

観音院では身元不明者の確認の手掛かりにと、本郷住職が遺体の衣服を保管していた。洗濯機を二台買って泥だらけの衣服を洗濯し見えるように並べておいた。

ある日訪ねてきて、ピンクの小さなジャンパーを見つけた父親のために、棺を掘り出し確認した。「『やはり……』」。そう言ったきり父親は黙って五歳の愛娘（まなむすめ）の頬をなで続けた」。その後も、不明の遺体と衣服は寺が保管した。

悲嘆に寄り添う仏教の実践

土葬では納得できない人びとが多かったため、やがて掘り起こしてあらためて火葬をすることになった。「遺体の掘り起こしは凄惨を極めた。（中略）／境内に大量の石灰を散布して消毒しながらの作業という地獄のありさまに耐えて、本郷住職は現場で読経を続けた。檀家ではなくとも、『坊さんとして当然です』」。本郷住職は犠牲者の遺族に必ず「お寺で供養していますから安心してください。大変でしょうが皆さんで助け合って生きてください」とじっくり話をするという。

檀家制度のなかでは自覚されにくかったが、僧侶の葬祭への関わりは死者を悼み遺された人の悲しみに寄り添う慈悲の行としての側面が大きい。津波の悲惨な被害に向き合うなかで、東北の僧侶と人びとはそのことをあらためて体感することになったようだ。『苦縁』の著者、北村敏泰氏は「本郷住職は死者と深く関わることによって『いのち』に寄り添い、生き残った人々の悲嘆に寄り添ったように見える」と述べているが、納得がいく叙述だ。

葬祭が仏教にとって本来的な営みであることを東日本大震災はよく思い出させてくれた。死者を、とりわけ親しい死者を前にし、また死別の悲しみに打ちのめされている人を前にするとき、多くの日本人は仏の慈悲を身近に感じるのだ。

『仏教聖典』は「永遠の仏」の「いつくしみと願い」について次のような仏典（『観無量寿経』）の一節を引いている。

仏の心とは大慈悲である。あらゆる手だてによって、すべての人びとを救う大慈の心、人とともに病み、人とともに悩む大悲の心である。／ちょうど子を思う母のように、しばらくの間も捨て去ることなく、守り、育て、救い取るのが仏の心である。「おまえの悩みはわたしの悩み、おまえの楽しみはわたしの楽しみ。」と、かたときも捨てることがない。（一五頁）

仏の「大慈悲」や「大悲」は人としてまねようとしてまねられるものではないように思われるかもしれない。だが、母と子のたとえがあげてあるので、人のなかにも仏の心が内在していると受け取ることもできるだろう。

人びとの心に内在する仏の慈悲

『仏教聖典』「いつくしみと願い」は、続いて母と子の心の交流のたとえをわかりやすく述べていく。

仏の大悲は人によって起こり、この大悲に触れて信ずる心が生まれ、信ずる心によってさとりが得られる。それは、子を愛することによって母であることを自覚し、母の心に触れて子の心が安らかとなるようなものである。（同前）

浄土教において顕著だが、永遠のものである仏の願いのなかに私たちは生きている。いや生かされていると感じ取る。そうであるなら、母から子へと伝わるように、仏の慈悲の心のいくばくかも私たちの心とからだを通して生きているものなのだろう。

『仏教聖典』は続いて、『妙法蓮華経』の「如来寿量品」から次の一節を引いている。

仏の慈悲をただこの世一生だけのことと思ってはならない。それは久しい間のことである。人びとが生まれ変わり、死に変わりして迷いを重ねてきたその初めから今日まで続いている。（一六頁）

人のいのちの源である「無限のいのち」「永遠のいのち」としての仏という信仰は『浄土三部経』にも『妙法蓮華経』にも通じ合っていて、日本仏教の基層にあるものだろう。そして、人は仏の慈悲のなかに生かされており、仏の慈悲を人として生きることも可能だという受け止め方もなされてきた。

菩薩の四つの誓願

『仏教聖典』「いつくしみと願い」はさらに『心地観経』から「四弘誓願」を引いている。

人びとの迷いに限りがないから、仏のはたらきにも限りがなく、人びとの罪の深さに底がないから仏の慈悲にも底がない。／だから、仏はその修行の初めに四つの大誓願を起こした。一つには誓ってすべての人びとを救おう。二つには誓ってすべての煩悩を断とう。三つには誓ってすべての教えを学ぼう。四つには誓ってこの上ないさとりを得よう。この四つの誓願をもととして仏は修行した。仏の修行のもとがこの誓願であることは、そのまま仏の心が人びとを救う大慈悲であることを示している。（一六―一七頁）

後に天台智顗の『摩訶止観』において「衆生無辺誓願度、煩悩無量誓願断、法門無尽誓願智、仏道無上誓願成」と記され、菩薩が仏道を求めるときに立てる基本的な誓願として知られるようになるものだ。仏が起こした「大慈悲」だが、それを菩薩は自ら歩む仏道の基本とすべきと信じられるようにもなった。

このように考えると、『仏教聖典』で第一章「史上の仏」に続いて登場する第二章「永遠の仏」の最初の節に「いつくしみと願い」という主題が現れることは意味深い。この主題は、また「悲しみ」の主題ともいえないだろうか。「人びとの迷い」に限りがなく、「人びとの罪の深さ」に底がないことが人間の存在条件であり、悲しみの源泉でもあるだろう。母から子への「慈しみ」は、またお互いに死すべき者、また悼む者としての「悲しみ」の分かち合いにも通じている。

震災支援と平常の葬儀の共通項

東京で「人の苦に寄り添う」活動をしている「ひとさじの会」の若い僧侶たち、東日本大震災で死者を悼み、死別の悲しみに暮れる人たちを受けいれる僧侶たちは、日本中世に死の穢れを超えて死者を弔った僧侶たちの精神を引き継いでいる。そして、その精神は大乗仏教の根本に通じる何かでもあるだろう。「無縁社会」といわれる現代社会の困難、また東日本大震災を通してあらためて自覚した人間の弱さやいのちのはかなさ——つまりは人間の苦の現実によって、日本人は何ほどか仏教を身近なものに感じるようになっているのではないだろうか。

移動傾聴喫茶カフェ・デ・モンク

　東日本大震災で被災者を力づける働きをした宗教者の活動の一つに「カフェ・デ・モンク」がある。これまでも、現代日本の仏教が仏教の伝統をよみがえらせながら、新たな姿を見せつつあることを例示してきたが、この「カフェ・デ・モンク」の例は、とくに注目すべきものだろう。そこで詳しく紹介しながら、その特徴について考えていくことにしよう。

　ウェブ上の「宮城県復興応援ブログ　ココロプレス」に掲載された「『カフェ・デ・モンク』は移動傾聴喫茶。お坊さんが文句を聴きますよ。」（二〇一二年二月二〇日）という記事と北村敏泰氏の『苦縁』の記述にそって説明しよう。

「お坊さんたちが軽トラックに喫茶店の道具一式を詰め込んで、被災地を巡る『移動傾聴喫茶』。おいしいコーヒーを無料で提供しながら、被災者の話を聴くなごみの空間を提供しています。その前代未聞のプロジェクトを立ち上げたのが、築館にある通大寺の金田諦應住職」（『カフェ・デ・モンク』は移動傾聴喫茶」）

　金田氏が住職を務める通大寺は内陸の栗原市築館にある。栗原は県内最大の揺れに襲われ、通信・交通が厳しい状況では他地域の実情はわかりにくかった。だが、津波で多くの人命が失われていることは携帯ラジオを通じて当日からわかっていた。その夜、金田氏は満天の星を見上げた時、南三陸の海に数限りない遺体が漂う光景を思い浮かべた。そして「『私とあなたの区別が消滅する感覚』にとらわれた」という（『苦縁』二七〇頁）。

> 一週間後から、四〇キロ離れた南三陸町から市内の火葬場に遺体が運ばれるようになった。最初に来た遺体は2人の小学生。仲良しだった2人を、せめて一緒に荼毘にふしたいというご両親の願い。若いお坊さんたちは震えていました。身を震わせ、声をつまらせながらの読経。もうね、お坊さんたちもフラフラになりながらお経を上げ続けましたよ。（「『カフェ・デ・モンク』は移動傾聴喫茶」）

自他不二と慈悲

金田氏はそう述べているわけではないが、「私とあなたの区別が消滅する」というのは、大乗仏教で「自他不二」「自他一体」「自他互融」の用語で示される境地を意識したものだろう。慈悲の実践を支える倫理は「自他不二」の境地から発するものと理解されている。中村元の『慈悲』にはこう述べられている。

> 慈悲の実践とは、他の視点からみるならば、自己と他人とが相対立している場合に、自己を否定して他人に合一する方向にはたらく運動であるということができる。それは差別に即した無差別の実現である。（九三頁）

これを定式化した大乗仏教の先達シャーンティディーヴァ（寂天、六五〇年頃〜七五〇年頃）は、「修行者の理想は『自他平等』（parātmasamatā）であり、『他人を自己のうちに転廻せしめること』

（parātmaparivartana）をめざさなければならない」と述べた（九三－九四頁）。はるかに時代が下るが、曹洞宗の僧侶だった鈴木正三（一五七九－一六五五）は「自他無差別と知るは理也。慈悲心を専とするは義也」と述べている（九五頁）。震災が襲った当日の夜、金田住職が体験したものはこの境地に通じるものだろう。

この自然の、この宇宙の、なんと残酷で、悲しく、美しいことか。このときに、宇宙まで抜けていく感覚というのかな、命がひとつになった感覚を味わった。（『カフェ・デ・モンク』は移動傾聴喫茶」）

それはまた、宮澤賢治の『なめとこ山の熊』の末尾で、猟師の小十郎を熊たちが悼む場面を思わせるものでもあった。

『なめとこ山の熊』は仲間たちの死と非情な運命に耐えて生き延びていかなければならない生き物の悲しみと、悲しみを内に抱え込むが故にやさしく他をいとおしむ慈悲の力が、小十郎と熊たちの連帯を通して描かれている。金田住職の姿が小十郎と重ね合わさってしまう逸話だ。

四十九日の行脚とそこでの思い

金田住職は震災から四十九日の弔いに、南三陸の海辺に読経の行脚をした。「節目でもあるので、犠牲になった方々への鎮魂をこめて、南三陸町へ合同行脚したという。お坊さんと牧師の一二名。諦應和尚は灯りを持って歩いた。〝命の灯り〟として……」（『カフェ・デ・モンク』は移動傾聴喫茶」）

自衛隊員も大勢いて、黙々と遺体捜索をしていた。なんとか四十九日までに探し出したい、というのが伝わってきましたよ。この日、六名の遺体が見つかった。しまいには涙でお経が読めなくなった……これをやりながら自問が湧き上がってきたのよ。〝宗教ってなんなんだ！現実ってなんなんだ！〟って。神も仏もなくなったような状態だったからね。あの瓦礫を見てさ。〝神ならびに仏のなせるわざとはこんなものか！〟と。（同）

この時、廃墟の傍らの山桜の美しさに目を奪われた。「目の前の惨状も、鮮やかな花も、同じ神仏の力なのだ」と仏法の核心にふれた思いがしたという（『苦縁』二七一頁）。

四十九日の後、僧侶仲間で炊き出しを始めたが、すぐに「移動傾聴喫茶をやろう！」と思いついた。震災当日の、また四十九日の体験を踏まえ、宗教者だからこそやれる支援とは何かについて考えて、得られたアイディアだった。

震災で見えてきた伝統仏教の力

東日本大震災では日本仏教の力が見直された。苦難のなかにある人々に手を差し伸べ、折れそうな心を支え沈みそうな心をすくい上げる働きが目立った。ここまで述べてきた僧侶たちの働きはそのよい例だ。

日本仏教史をひもとけば、そのような仏教の働きはふんだんにあってまったく珍しいものではないのだが、第二次世界大戦後、伝統仏教が苦の現場から離れて浮き世から遠いところにいるという印象が強まっていった。浮き世離れしている、だがそれにしては俗化しているお寺というイメージだ。

「葬式仏教」という語は一九六〇年代初めに使われるようになったもので、そんな伝統仏教への苛立ちが含まれていた。折しも新宗教は大発展期で、在家仏教を唱える霊友会、立正佼成会、創価学会などが急成長をとげていた。菩薩行としての苦の現場での助け合いは、これら新宗教教団においてきわめて活発になされていたが、伝統仏教教団の寺院は人々とふれる場が葬祭に特化して、いのちの通わないものになっている、そう感じられるようになった。

だが、カフェ・デ・モンクの例を見れば、それは錯覚だったかと思われてくる。苦の現場に赴いて人々を支える伝統仏教の僧侶の働きは目を見張るものがあった。

教えを説かないカフェ・デ・モンク

知人のパティシエに頼んで作ってもらったケーキ、テーマ音楽はセロニアス・モンクのジャズ、愛称は《ガンジー金田》と遊び心も織り込まれている。車から降ろして立てる小さな案内板には、こう書かれている。

〝Café de Monk〟はお坊さんが運営する喫茶店です。

Monk は英語でお坊さんのこと。

もとの平穏な日常に戻るには長い時間がかかると思います。

「文句」のひとつも言いながら、ちょっとひと息つきませんか?

お坊さんもあなたの「文句」を聴きながら、一緒に「悶苦」します。(「『カフェ・デ・モンク』は移動傾聴喫茶」)


この「カフェ」では、たとえばこんな会話が行われる。

娘「あれ(島薗注:訃報が届く寸前に窓辺にきた鶯)はじいちゃんが最後の別れを言いに来たんじゃろうか」

金田住職「その通りだよ。じいちゃんだ。命は皆、つながっているんだから、今度はトンボになって来るかもしれん。だから寂しがらんとね」(『苦縁』二七二―二七三頁)

多くの被災者がここで心慰む時を過ごした。金田住職は伝統仏教の底力を示したともいえる。だが、そのやり方は創意に満ちていてユニークだ。けっして上から既存の教えを説くのではない。「傾聴」の姿勢で寄り添う。曹洞宗固有の教えは話のなかに出てこない。また、宗教・宗派を超えて「心の相談室」に集う宗教者が協力する。ともに祈りの行脚もする。

「心の相談室」の新しさ

「心の相談室」は仙台で三・一一直後に立ち上がった連合体だ。宮城県宗教法人連絡協議会に属する団体の宗教者が斎場で合同で慰霊にあたったところから始まった。仙台で長く終末期の看取り、とりわけ在宅の緩和ケアにあたってきた岡部健(たけし)医師を室長に、東北大学の宗教学研究室に事務局を置いて活動を始めた。宗教者、医療者、宗教学者、グリーフケアの専門家などの協力で活動を続けている（高橋原「『心のケア』に大きな力――宗教の果たす公共的役割とは」『中外日報』二〇一二年九月八日号）。

「心の相談室」の活動は、市営斎場で行われる毎月の合同慰霊祭、宗教者による無料電話相談、宗教者が仮設住宅を回って開く傾聴喫茶カフェ・デ・モンク、ラジオ版カフェ・デ・モンクの放送など。

ラジオ版カフェ・デ・モンクは当初は岩手、宮城、福島の三県でFM放送されていたが、今は終わっている。毎回、ゲストがインタビューに答えて語るもので、被災者や支援者の心に届くメッセージを届けようとしていた。宗教者が多いが、学者や文化人も登場する。かくいう私も出演した。金田諦應住職ら「心の相談室」がプランを立てて行っていた。

宗教・宗派を超えるということは、「寄り添う」という姿勢と密接に関わり合っている。苦難を被っている人たちの求めるものにそって応答する。こちらからすでにある教えを伝えてわかってもらうというのではない。相手の気持ちに近づいて、それをできるだけ理解し、ともに感じ受け止めるようにする。

手のひら地蔵

「手のひら地蔵」もそのような意図にそってできたもので、地蔵を通して仏教の教えを説こうというのではない。これは金田住職が栗原市の僧侶たちと相談しながら作られるようになったものだ。

栗原市の陶芸家が滋賀県信楽(しがらき)産の粘土の無償提供と上薬がけ、窯焼きで協力、僧侶たちが主に一〇センチ前後の陶製地蔵を作る。子どもや乳児、野球少年、仙人など個性豊かな地蔵を作り、津波で亡くなった故人の形見にしてもらおうというもの（『河北新報』二〇一二年五月二六日）だ。僧侶の手作りの「手のひら地蔵」がカフェ・デ・モンクで被災者に手渡される。

瞬時に故人を思い浮かべ涙にくれる人もいる。死者の霊を身近に如実に感じる人もおり、死者の霊を慰めるための祈りのよりどころともなる。心にわだかまっていた思いが表現の場を見いだす。グリーフケアとして抜群の力を発揮する。これを仏教の教えで説明することもできるだろう。それは宗教者の側の課題だが、被災者が今求めていることではない。

心の相談室の前史

金田諦應住職らのカフェ・デ・モンクは、被災者の心を解きほぐし、悲しみに耐えるのに貢献した。手のひら地蔵を手にすると、にわかに思いがこみあげて涙ぐみ、死者との心の交流がよみがえる。そこに死者が顕現する。それを自宅の居間に置いておけば、死者の霊が身近にいるように感じられる。死者の霊を慰めるための祈りのよりどころともなるだろう。大切な同伴者や親や子を喪った方々に、手のひら地蔵は大きな力となった。グリーフケアの場として、カフェ・デ・モンクが果たした役割を象徴するアイテムだ。

カフェ・デ・モンクが「心の相談室」の一環として行われてきたことはすでに述べたが、三・一一後の仙台に心の相談室がいち早く立ち上がったのにはいくつも理由があった。一つには、宮城県宗教法人連絡協議会という諸宗教・諸宗派の連携組織があったことだ。これはどの都道府県にもあるものではない。もう一つは、死の看取りに取り組むなかで、宗教の役割を重んじるようになっていった故岡部健医師の働きだ。その思いははからずも自らが死を見すえざるをえない境遇に置かれたことによって一段と深まっていった。そこから「臨床宗教師」構想が育っていくことになる。死をめぐる苦悩や悲嘆のなかにある人々を、ケアすることができる宗教者を養成しようというのだ。

　これからしばらく、二〇一二年九月二七日に亡くなった岡部医師の足跡をたどりたい。岡部医師が残したものは、現代日本の仏教のあり方を考える上で大いに助けになると思うからだ。

気になるある医師の存在

　私より二つ年下（享年六二歳）で、ざっくばらんで威張らず気張らず、何だか「先生」には見えない岡部医師だけれど、やはり「お医者様」なので「岡部先生」と言いたいところだが、この文章ではがまんして「岡部医師」とよんでいる。その岡部医師の話を初めて聞いたのは一〇年以上前のことだ。当時、私は東京大学大学院人文社会系研究科（文学部）に属しており、そこで「死生学」の研究プロジェクトが立ち上がったのは二〇〇二年だ。その拠点リーダーに指名されて途方に暮れたが、すぐに思い浮かんだのは東北大学の清水哲郎教授のことだった。

　清水氏は西洋中世の哲学を専門とする哲学者だが、家族ががんを病んだことから臨床哲学の研究にも取り組むようになった。医療機関と協力関係を結び、臨床場面で生じる問題に人文社会系の学的思考で応答する。このような試みを札幌と仙台で積み重ね、『医療現場に臨む哲学』全二冊を著した。この清水氏の企てに学ぶことがぜひとも必要と思われた。清水氏は東北大学文学部哲学科の所属だが、すぐお隣の宗教学科の研究者らも清水氏のグループに加わっていたので、宗教学を専攻する私としては近づきやすくもあった。

清水氏やそのグループの若い研究者と交流するようになると、岡部医師の名前を度々聞くようになった。哲学、宗教学、社会学などを学ぶ若い研究者が、岡部医師と接しながら医療現場で学んでいることを知る。死後の世界をうかがわせる「お迎え現象」に強い関心をもっておられることも聞き知るようになった。宗教学を学ぶ私としては、興味津々である。いつかお訪ねしたいものと思っていた。初めてお目にかかったときの岡部医師は、すでに体調が万全ではなかった。

岡部健医師の歩み

一九五〇年生まれの岡部医師だが、二〇一〇年一月に胃がんが見つかり、やがて肝臓への転移がわかり、二年半余りで亡くなった。岡部医師のその最後の二年半の中ほどに東日本大震災が起こっている。そして、「臨床宗教師」構想に向けて岡部医師の最後の力が注がれた。

幸い、二〇一二年一月から息を引き取るまでインタビューを重ねた奥野修司氏による『看取り先生の遺言――がんで安らかな最期を迎えるために』が、岡部医師の歩みを本人の言葉を通してまとめてくれている。岡部医師は死の看取りに携わる医師として、現代日本の宗教者に大きな期待をもった。死を間近にした人たちが、穏やかな安らぎとともに死んでいけるために宗教者こそが力になると信じ、そのことを社会に発信した。それだけではなく、その期待を具体的な形にすべく臨床宗教師の教育プログラムの実現に大いに貢献したのだった。

では、岡部医師はどのようにして、宗教者に大きな期待を抱き、宗教者を通して日本の医療現場を変えたいという願いをもつようになったのか。呼吸器系の外科医となり、とにかくがんと闘うことに情熱を傾けていた岡部医師だが、次第に患者から安らかに死を迎えるあり方の重要性を学ぶようになっていった。とりわけ在宅で最期を迎えることが、本人にとって、また周りの人々にとってどれほど望ましいことであるかを教えられる機会があった。

岡部医師は学び取ったことの核心をこう語っていた。「在宅医療というのは、私は文化運動だと思っている。最期まで在宅で過ごしてもらえるような条件をつくっても、最終的に家族や近親者が看取りを支えるのだから、看取りを支える文化基盤がなければ『つらさ』ばかりが残る。だから土壇場で救急車を呼んでしまうのである。これは、日本から看取りの文化が失われたからだろう」(『看取り先生の遺言』一五〇頁)

仏教と看取りの医療

東日本大震災で仏教者や寺院が大きな役割を果たすようになる背景には、仏教が看取りの医療に関わっていく動きがあった。それはまた、宗教側の支援を求める医療側の姿勢の変化とも関わっている。仙台の「心の相談室」やカフェ・デ・モンクの活動は、スピリチュアルケアを求める医療側の協力に支えられたものだった。

一九九七年、岡部健医師は呼吸器外科医として勤務していた宮城県立がんセンターを辞職し、在宅の看取りを専門とするクリニックを始める。すでに同センター在職中も入院期間の短縮に努めていた。検査や治療をやりすぎる現代医療のあり方に限界を感じていたからだ。

しかし、それにも限界を感じるようになった。がんセンター（大病院）と開業医が連携をとりながらがん患者の看取りをするというやり方は、今、広島や尾道がよく取り上げられる例だ。同じような試みは宮城県立がんセンターでも進めていた。だが、その場合、開業医の診療も往診より外来が主となる。医師が主体となると、「患者さんのニーズから」考えることを徹底できなくなるのだ。

家族に断らずに突然、がんセンターをやめたというのも岡部医師らしい。また、「貸家」の張り紙のある廃屋同然の元美容院を診療所にし、機械も購入しなかったという。設備にしばられると、望むところの本来の看取りの医療ができないと考えたからだ。患者の立場に立つのを徹底しようとして、そんなやり方になった。

在宅の看取りの重要性

もう一つは、「死」をテーマとした医療にこそ取り組もうという気持ちが高まっていったことだ。

なかでも二八歳で亡くなった女性を看取る経験が大きかった。医療だけでは世話をしきれない、地域の介護系の機関の協力が必要だということを痛感したことも大きかったが、死に向き合うこの女性の姿勢から学んだことも多かった。

この女性は致死的ながんを病んでいることを知らされると、すぐに「子供と一緒に過ごしたいから」と在宅を決意した。やがて病状が進み失明すると、その女性はこう語ったという。

先生、あたし、在宅で過ごせてほんとによかった。目が見えなくなっても、家にいたら下で子供たちが騒いでも、どの部屋で何をしてるか手に取るようにわかる。暗闇の中でも周りを想像できる。病院にいたら、本当に怖かったと思う。（中略）安心だって言われても、知らない人に触られて脈とられて、おっかねえだけだよ。うちに帰ってきて本当によかった。（一一六－一一七頁）

その後、在宅の看取りをよりよいものにするために、岡部医師が行ったことの一つは、共同で利用できるくつろぎのスペースを作るということだ。それも屋内ではない。五千坪の森を安く買って、そこに小屋を建て、露天風呂を作り、調理場を作りピザ窯も買った。これが「岡部村」だ。春には「花見の会」、秋は「芋煮の会」を開き患者さんを招待する。患者さんにとってはあきらめていた希望の灯がともることになる。家族には大切な思い出の場ともなるだろう。

「お迎え現象」への注目

二八歳の女性患者からは、その後、岡部医師にとって重い意味をもつようになる「お迎え現象」の話を聞くことにもなった。「おじいちゃんがお迎えに来たんだけど、子供はまだ幼稚園に通っていて、小さいから嫌ですって追い返しましたよ」(一一七頁)。まだ子どもの世話をしたいので、向こう側には行きたくない、という意味だろう。それが「お迎え」の語りに出会った最初の経験だったが、岡部医師は重い意味をもつ事柄だと直感したという。

「お迎え現象」が宗教と関わりが深いことは言うまでもない。「お迎え現象」に接することで、看取りに関わる医療者は宗教者の関与が欠かせないと感じることになる。岡部医師もそうだった。もともと宗教に関心が深かった岡部医師だが、「お迎え」に関わる話をたくさん聞くようになって、ますます穏やかに死に、安らかに死者を送る上で、宗教が重要だとの思いを強めていった。

在宅の看取りに集中するようになって以後、岡部医師は「お迎え」を経験する患者の言葉に注目してリサーチもしてきた。在宅で世を去った六八二人の患者の家族にスタッフが行ったアンケート調査(回収数三六六)では、「お迎え」体験があったとの答えが四二・三%に達したという。

「お迎え」による安らぎ

たとえば、七五歳の女性はこんなふうに語った。

「かあちゃん」のお迎えが来る。「ヨシコ、そんなにつらい思いしてるんだったら、こっちさ来い」と言われて行ってしまいそうになる。/また別の日には、モンペ姿の母親が出てきて、

「おいでおいで」、「苦しいのか、抱っこしてあげる、こっちにおいで」と言った。しかし、別なときにはおいでとは言わず、「まだ早いよ、来るのは早い」と言う。（一七一頁）

若い人でも「お迎え」に切実な関心をもつ人がいる。がんが骨転移していた三〇代後半の男性の場合、「お迎えが出てこない、出てこない」と悩んでいた。そこで、岡部医師はこう言ったという。

お迎えが来てほしいと言いながら、あの世にここを登録したのか。仏壇があるんだったら、仏壇にちゃんとお供えするなり、あの世の人と話をしないとだめだろ。話をして、ここにいますよと言わなかったら、向こうだってわかりようがないだろ？（一八七頁）

岡部医師は「医者として言えるのはそこまでだった」と記している。ここに宗教者の出番があるということでもあるだろう。岡部医師はまた、次のような例もあげている。

これは最近の患者さん（男性）だが、「亡くなったお父さんが見える」というので、奥さんが動転して私に電話をしてきた。そこで私が本人に、「お父さんが見えたら心配か」と尋ねると、「いや気持ちが落ち着いていていい」という。だから私は奥さんに言った。／「あの世とつながりを構築できないから死が不安になるんですよ。あの世があろうとなかろうと、お迎えがあれば、あの世とつながった感覚で逝けるんだから、気持ちが楽になれるんです。本人も気持ちが落ち着くと言ってるでしょ？　怖がることはないんだから、納得してあげてください」／何度か説得をこころみたのだが、「あの世に連れて逝かれそうで嫌だ」「気持ち悪い」とどうしても納得していただけなかった。（一八一頁）

死をめぐる宗教文化の再認識

二〇一一年八月に東京で行われた高野山医療フォーラムの講演で、岡部医師は次のように述べている。

人が亡くなっていくときにある「闇へ下りていく」という感覚です。山道を上がっていって、右側には生きている世界があり、左側には死んでいく世界がある。死は自然現象だから仕方がありません。ところが、今の医療は緩和ケアをふくめて、右側の生きていく手立ての情報だけが大量にあるのです。／死は常に不合理で非条理なものです。不合理で非条理なものをきちんとマネジメント、ケアできるようなシステムといったら、やっぱり宗教性なのではないか。宗教側の知恵の蓄積をちゃんと受けとめないとやれないというのが、ひとつの自分の罹患体験の中で感じたことです。（『故岡部健先生追悼緊急シンポジウム報告集「医師　岡部健が最後に語ったこと」』一一頁）

岡部医師は死を前にした人間にとって、「あの世」の存在を信じることが必要だとか、宗教の教えに従うことで心が安らぐと言っているわけではない。「あの世があろうとなかろうと……あの世とつながった感覚」をもつことや「宗教側の知恵の蓄積をちゃんと受けとめ」ることの意義を問うている。つまり宗教文化が伝えてきたことを現代的に引き継いでいくことを求めているのだ。

グリーフケアと宗教文化

グリーフケアが求められる現代社会は、かつて大きな役割を果たしていた宗教文化が後退し、グリーフケアの資源が後退していく時代でもある。この点については第4章で詳しく紹介するが、イギリスやアメリカを念頭において、ジェフリー・ゴーラーが、すでに一九六五年に原著が刊行された『死と悲しみの社会学』で論じていた。日本の状況については本書の第8章で論じるつもりだ。

今この章で論じているのは、かつての宗教文化が後退していく一方で、宗教文化や宗教文化を引き継ぐ国民文化を見直し、いわば再活性化あるいは再活用しようとする動向である。金田諦應住職のカフェ・デ・モンクや岡部健医師の臨床宗教師の構想は、そのような動向の表れとして捉えることができる。これがグリーフケアを学び、普及していこうとする動きと表裏一体で進行しているのだ。

序章で取り上げた、イギリス・イタリア合作の映画『おみおくりの作法』、第1章で取り上げた映画『悼む人』は、いずれも死者を送る宗教的な儀礼の重要性を強調し、慰霊・追悼の儀礼を行う場面が、作品の中核にすえられていた。死者とのやりとりを取り上げた現代映画や現代小説も少なくない。

宗教文化・国民文化の再活用

たとえば、いとうせいこうの小説『想像ラジオ』は、津波の死者である主人公が生者たちとかわす会話が物語の主軸となっている。この作品について、私は拙著『宗教を物語でほどく』で次のように紹介している。

死者の声を「想像」によって聴くというのがこの作品の枠組みだ。東日本大震災後、生き残った被災者の声は次第に聞こえるようになった。だがそんな被災者は度々、死者の声を聴いていた。他界からの声を聴くことは「死を超える」尊いものの現れであり、民俗宗教ではイタコなどのシャーマンを通して経験されることだった。だが、イタコのような専門家を介さずとも、人はしばしば夢や幻のなかで死者の声を聴く経験をもつ。それは死別した大切な人との疎隔を超える、癒しの体験ともなっている。／『想像ラジオ』は多くの死者たちが、ラジオの聴き手のように死者同士の語り合いに参加して、ともに悲嘆のただ中で痛みを分かち合う過程を描き出していく。(三〇二頁)

この作品は東日本大震災以後に進行するグリーフケアの過程を再現していくような趣がある。そしてそこでは、古代メソポタミアのギルガメシュ神話が引かれて、重要な役割を果たしている。死を超える世界を表象した古代の神話が再活用されているのだ。現代のグリーフケアがこのように古代以来の宗教文化に再び関心を向けていく動向の良き例証といってよいだろう。

参考文献

三木英『宗教と震災――阪神・淡路、東日本のそれから』森話社、二〇一五年
北村敏泰『苦縁――東日本大震災　寄り添う宗教者たち』徳間書店、二〇一三年
仏教伝道協会編『仏教聖典』仏教伝道協会、一九七三年
「『カフェ・デ・モンク』は移動傾聴喫茶。お坊さんが文句を聴きますよ。」(1)(2)
中村元『慈悲』平楽寺書店、一九五六年
高橋原「『心のケア』に大きな力――宗教の果たす公共的役割とは」『中外日報』二〇一二年九月八日号
「震災犠牲者　形見代わりに――僧侶ら『手のひら地蔵』制作」河北新報、二〇一二年五月二六日付
三浦正惠・エフエム仙台・板橋恵子他『ラジオ「カフェ・デ・モンク」――インタビュー集・震災後を生きるヒント』心の相談室、二〇一二年
清水哲郎『医療現場に臨む哲学』全二冊、勁草書房、一九九七年、二〇〇〇年
奥野修司『看取り先生の遺言――がんで安らかな最期を迎えるために』文藝春秋、二〇一三年
心の相談室編『故岡部健先生追悼緊急シンポジウム報告集　「医師岡部健が最後に語ったこと」』心の相談室、二〇一四年
いとうせいこう『想像ラジオ』河出書房新社、二〇一三年
島薗進『宗教を物語でほどく――アンデルセンから遠藤周作へ』NHK出版新書、二〇一六年

第3章　グリーフケアが知られるようになるまで

フロイトと「喪の仕事」

グリーフケアとは何か。ここでは学問的な展開を振り返ろう。今、グリーフとよばれているものが医療や心理学でキーコンセプトの一つとなることを示したのは、第1章で触れたように、精神分析の創始者、ジークムント・フロイト（一八五六－一九三九）だ。一九一七年にフロイトは「悲哀とメランコリー」という論文を発表している。死別の悲しみに耐える「喪（悲哀）」は英語で「モーニング mourning」という。日本語で「喪」というと、お通夜や葬式に着ていく「喪服」とか、年賀の欠礼を伝える「喪中」の葉書を思い起こす。監督やチームメイトなどが亡くなったとき、スポーツ選手が「喪章」を着けて試合に臨むのも目にしたことがあるかもしれない。

「喪」は死者を悼み、その気持ちを形にして表し、自らの行為をつつしむことを意味する。そこで「喪に服する」という表現がある。国旗などを高く掲げずに、途中の高さに掲げるのを「半旗」を掲げるといい、喪に服していることを示す。近年では喪に服することをはっきり示す機会が減って来ているが、形に表さなくても気持ちでは喪に服しているということもある。にぎやかな場には出ていかない、仏壇に線香を絶やさないようにするなどということもある。

「喪」というのが外的な形にとどまらず、内面、つまり心の内側でも何かを行っているとすれば、それは何か。フロイトはそれを「喪の仕事」とよんだ。英語の「グリーフ」や「モーニング」にあたるドイツ語は「トラウエル Trauer」、「喪の仕事」にあたるドイツ語は「Trauerarbeit」だ。「喪の仕事」は「悲哀の仕事」「悲嘆の仕事」とも言える。英語に直すと「グリーフワーク」となる。さまざまな喪失に伴う悲嘆の仕事のうち、とくに死別による喪失の後のものが「喪の仕事」とも言える。大切な人を亡くした人は、その人に向けられた自分の心のエネルギーを捉え返しながら、その喪失を受け入れていく。

対象喪失と愛のゆくえ

フロイトは喪（悲哀）の状態にある心をうつ（メランコリー）の状態の心と比較している。「悲哀はきまって愛する者を失ったための反応であるか、あるいは祖国、自由、理想などのような、愛する者のかわりになった抽象物の喪失にたいする反応である。これとおなじ影響のもとにあって、病的な素質の疑われる人たちでは、悲哀のかわりにメランコリーが現われる」（『フロイト著作集』6、一三七頁）。だが、それが悲哀だとわかっている場合には、精神科医や精神分析家はそれを病気とは見なさない。やがて克服されていくことを予想できるからだ。だが、両者ともに「苦痛にみちた不機嫌、外界への興味の喪失――外界が愛する者の思い出につながらぬかぎり――新しく愛の対象をえらぶ能力の喪失――悼まれる者のかわりになるかもしれないのに――死者の思い出に関すること以外のあらゆる行動を回避する」（二三八頁）ことが認められる。

人が悲哀の時期を過ぎてゆくときにする心の仕事はどのようなものか。「現実検討によって愛する対象がもはや存在しないことが分かり、すべてのリビドーはその対象との結びつきから離れることを余儀なくされるがこれにたいし当然の反抗が生ずる――よく見られることだが、人間はリビドーの向きを変えたがらず、かわりのものが、もう誘っているというのにそれでも変えないものである。この反抗は強いため、現実から顔をそむけることになり、幻覚的な願望精神病になって対象を固執することになる。正常であることは、現実尊重の勝利をまもりぬくことであるが、その使命はすぐには果たされない。それは時間と充当エネルギーをたくさん消費しながら、ひとつひとつ遂行してゆくのであって、そのあいだ、失われた対象は心の中に存在しつづける」（同前）。ここから現実にそったリビドー充当に向けられるまで、心のなかの失われたものとのやりとりが進められる。これが「喪の仕事」だ。

とりあえず大切な他者は愛着の対象だから、その愛着を捉え直さざるをえなくなる。自分が多くを分かち合い、愛着だけでなく恨み・憎しみを含めて多くの心的エネルギーを投じてきた相手と自分自身の関係を捉え直し、心的エネルギーをいわば内に収めていく。愛の対象が喪（うしな）われていくわけだから、「対象喪失」（object-loss）が起こっているわけだ。愛が拒まれるような事態なのだが、それは愛そのものの否定ではないことを納得していくことができれば、新たな対象に愛を向けていくことができるようになる。これができない状態が続くと、現実に対して関心がもてず内にこもるようなことになる。その状態はうつ状態に似ている。

心にとっては「いる」が、現実には「いない」

この閉塞状態を打開していくためには、グリーフワークが有効に行われ、新たな愛着と関心をもって他者に、また世界に心的エネルギーを向けていくことができるようにならなくてはならない。このように「喪の仕事」という言葉は、悲しみは心の「仕事」だということを示している。実は、フロイトは自分の父が死んで、心がふさがって苦しんだことがあった。だが、その苦しみの中から精神分析という新しい思想と学問分野を生み出していく。自らのその経験も踏まえて、彼は「喪の仕事」という概念に至る。

愛の対象が失われる、自分が大事にしている世界が失われるというときに、死んだ人はいなくなるのだろうかと考えてもいいだろう。死んだ人は、残された人にとっては、ある意味ではたいへんリアルに存在している。死者は遺された者に語りかけてくるように思うし、自分の気持ちがそこへいつも向かっていく。死んだ人はいないとはなかなか言えない。でも、その人がこちらに働きかけてくることはない。心にとっては「いる」にもかかわらず、現実には「いない」ということが対象喪失ということの意味だ。そこで、現実には「いない」が心の中に今も「いる」他者との関わりが問い直される。だから、心の作業が続くのだ。

「千の風になって」という歌がある。あの歌の心に響く力はどこから来るのだろう。一つは亡くなった他者が語りかけてくることだ。

私のお墓の前で　泣かないでください／そこに私はいません　死んでなんかいません／千の風に　千の風になって／あの大きな空を　吹きわたっています

死者自身が「お墓の中に私はいません」、「死んでなんかいません」と言う。「泣かないで」と語りかける。「あなたのいるところ、どこにでもいるよ」と示唆する。あの歌を聴くと、亡くなった人と語り合っている気持ちになる。人が亡くなると、「ああ、あの人がいないなあ」とつくづく寂しくなるが、夢のなかとか、また物語のなかでは死んでいる人は語りかけてくる。これは喪失された対象が新たな形で場所を得ようとする心の仕事の現れと見ることもできる。これは「モーニングワーク」や「グリーフワーク」、つまりは心のなかの「喪の仕事」、「悲しみの仕事」によって死者が新たな形で寄り添ってくれる存在に転形したものといえる。

葛藤を自覚し成熟していく過程

喪の仕事にはもっと苦しいものもある。大切な人が亡くなったことについて、自らに責任があるように感じてしまうことは少なくない。そこには自分が愛する人に対してもっていた疎ましい思いの自覚も含まれている。愛の対象に対して、同時に憎しみや敵意がこもっているという洞察は「アンビヴァレンツ」（両価性）という言葉で表される。父に対して愛とともに愛を妨げる力の主として、ひそかに敵意をもつ。これがエディプス・コンプレックスだが、大切な他者の死によって、その対象に対して自らがもっていた敵意を直視し自らを責める気持ちが押し寄せてくる。心の内の葛藤を新たな愛へと昇華していけるかどうかが喪の仕事の課題でもある。

他者の死により心が千々に乱れたという経験がない人にとっては、相手が生きていても、すでに悲しみが始まっていることもあるということを考えるとよいかもしれない。これを「予期悲嘆」とよんでいる。知っている人が病気になって、これから亡くなっていくとなると、今は生きていても、悲しい。大切な人がつれなくなって、やがて別れなくてはならない。試験に失敗して、自分の希望を諦めなくてはならない。あるいは、子どもが死の可能性をはらんで苦しんでいると知れば、親は胸が痛い。愛の対象の喪失を予期して胸がふさがり元気も出ない。こうした心配や挫折の予感と悲しみとはとても近いものだ。

悲しむことは悪い反応ではない。喪われた尊いものを抱き直す「仕事」なのだ。その意味では、むしろよりよく生きていくために不可欠の「仕事」だ。悲しみを省いてしまうことは、心のなかの大切なものを切って捨てるようなことだろう。悲しみという心の仕事を時間をかけて行うことが成熟につながり、それまでにもまして奥深い生きがいを見出していくことに通じる。

フロイト自身の喪の仕事

すでにふれたように、「悲哀とメランコリー」でフロイトは「メランコリー」、つまりうつ状態と悲嘆が類比できるとし、うつ病についての説明を試みようとしている。だが、それに先立ってフロイトは『夢判断（夢の解釈）』（一九〇〇年）のなかで、父の死の後の自分自身の喪の仕事について詳しく語っている。また、その後のさまざまな著作のなかで、喪の仕事の課題をさらに継続していった。小此木啓吾『対象喪失――悲しむということ』（第三章）は、このフロイト自身の「喪の仕事」をわかりやすく解説してくれている。

四〇歳で父を失ったフロイトの心は、まず父に対する敬愛の念に満たされるように感じた。ところが次第に、父の死を自分が願ったのではないかという自責の念に囚われるようになる。死の過程をたどる父のそばにいながら、「自分は生きていてよかった」とか、心の一隅で「早く楽になってほしい」という気持ちが高まっていたことを自覚するようになる。そこには単に死の間際だけではなく、長年にわたって無意識のなかで父に対する反抗心や自分が父をしのいでいくことを願うエゴイスティックな欲求が潜んでいたことに思い至らざるをえなくなる。そして、それは父だけではなく師や先輩、同僚などをいずれもライヴァルと感じ、生き残ろうとする心情であることを自覚していく。

一般に死別の後、遺された者は自分の不注意や怠慢のために、愛する人を死なせたのではないかという、強い自責感に囚われ、そこからなかなか抜け出せなくなってしまう。「強迫自責」ともよばれるもので、それが喪失後のうつ状態の大きな要因にもなる。思えば人は誰に対しても、自分のエゴイズムを通して関わっている面がある。それが満たされない場合には、不満や怒りや敵意を向ける。愛情の裏にはこうした憎しみの心情も潜んでいる。他者との親しい関係にはこうした両価的（アンビヴァレント）な要素がつきまとい、喪失後、これが自責感・罪悪感を引き起こす。

親しい者の死後、人は他者に向けていた敵意をあたかも自己自身に向けるかのようだ。フロイトの場合、それを自己の体験に即し父と息子の葛藤（エディプス・コンプレックス）のひな形として捉えていく。この自責感・罪悪感と折り合いをつけていくことが、フロイトが考える喪の仕事の大きな課題となる。遺された者はやがて罪意識を自覚的に捉えて、自己を責めるよりもつぐないの対象として他者を捉え返していく。心のなかに「自分たちをゆるしてくれる死者」、「自分たちと和解してくれる寛容で穏やかな死者」の像を形作っていく。それは「死者への従順さ」ともなる。多くの日本人はご仏壇やお墓を前にして頭を垂れる仕草をするが、それは「死者への従順さ」のわかりやすい表現形だろう。

子どもの愛着と喪失

フロイトの喪の仕事の理論はその後のグリーフケアの理論の基盤を作ったものだが、そこには大きな限界もあった。背後には自らの父の死後のグリーフの経験があり、父に対する息子の敵意といったモデルに大きく影響されている。フロイト以後のグリーフ（悲嘆）の研究では、もっと多様な喪失の経験に即して考察が進んでいく。

父子関係と並んで母子関係が重要であることは、フロイト以後の発達心理の研究の一つの焦点だった。悲嘆と母親への愛着との関係についてはジョン・ボウルビィの研究がよく知られている。親が死んだり、親と別れた子どもが精神的な困難を経験することは、産科医や小児科医や精神科医や臨床心理士、また児童養護施設の専門家などによって観察が積み重ねられていた。自らも精神分析医で児童心理の専門家であるボウルビィは、こうした観察を総合し、動物行動学の成果なども組み込みながら、小さな子どもが大事なものを失ったときの反応について考察を進めた。

親がいなくなった子どもはどうするだろうか。これを身近で経験した人は少ないだろう。私は自分の家で飼っていた犬のことを思い出してみる。生まれてしばらくして我が家に連れてこられたその犬は、最初にくるまれていた布を一生大事にしていた。口にくわえて振り回したり、その布があると元気でいろいろなことをやる。けれども死ぬまでそれから離れなかった。ペットの多くは大きな喪失を経験して、飼い主のもとに来ているのだ。このような事例からも、悲嘆の原型を母親から切り離された子どもの反応に求めるのはもっともなアプローチであることが理解できるだろう。

スピッツとウォルフという精神分析学者は一九四六年に、数カ月は母親や養育者への愛着と依存の関係を経験した乳児が、母親から引き離されたときに起こす対象喪失反応を「乳児抑うつ」と名づけた（『対象喪失』第一章）。こうした子どもたちは、母親を失ってから気むずかしくなり、すぐに泣きやすくなり、そばにいるおとなにすがりつくようになる（一カ月後）。続いて体重が減少し、叫び声のような泣き声になったりし、発達が遅れ、表情が硬くなる。睡眠障害が起こり、へんな姿勢をとるようになり、周囲からの働きかけを拒むようになり、運動が緩慢になり、いろいろな病気にかかりやすくなる（三カ月）。それ以後は、もう泣いたり叫んだりもしなくなり、うつろな目つきで無表情になり、周囲に対する反応が鈍くなり、ひたすら眠り込んでしまうという。

母親を失った子どもの心理

ボウルビィはこのような病的な展開に向かう例ばかりではなく、健全な展開も多いことを前提に、母親から切り離された乳幼児の変化を捉えようとした。乳幼児の反応は、対象喪失に対する抗議と不安の段階から、絶望と悲嘆の段階へ、そして喪われた対象に向けられていた関心や欲求を撤去したり忘れたりして他の対象へと向けていく離脱の段階へと展開していく。「抗議の段階では、乳幼児は母親を探し求め、その帰りを待ち、自分が見棄てられる分離不安（separation-anxiety）を、あらわに示す。あたかも母親を見失った現実に抗議し、その運命にさからい、必死になって失った対象を取り戻そうとしているように見える」（五一頁）。切ない事態である。

その次の段階では、乳幼児は母を探し求める努力に疲れ、そのような努力が無駄であることを悟っていく。母の懐に帰るという希望を捨てざるをえなくなり、深刻な悲嘆に見舞われる。この段階がグリーフの段階だ。このまま進めば病的な状態に陥るわけだが、多くの子どもは次第に母親への執着を捨て、母親を忘れたかのように振る舞い、母親にかわる養育者に気持ちを向けるようになってくる。「離脱」の段階だが、それは新たな対象へと心のエネルギーを向けていく前向きの段階でもある。対象喪失により喪（mourning）の心理が進行していくが、そこで「絶望と悲嘆」の段階を通過する。ボウルビィはグリーフをとくにこの段階を指す用語として用いた。だが、そこで「喪の仕事」（mourning work）がうまく進行すれば悲しみはつらい経験ではあり続けても、新たな人生に向けて力を得ていく積極的な経験ともなりうる。

もっと育ってからでも、親から離れることはたいへんつらい。七、八歳で親が死んだり、離別したりした子の心の痛みは想像できる。健康の面から親元を離れざるをえない幼児は初めから悲しみを学んでいくことになる。とはいえ、いろいろな時期があるが、人はみな親から離れていくのも事実だ。次第に親離れしていくことが成長には欠かせない。昔は偉い人、王様や貴族や武将なども親から離されて育つことが多かった。全寮制の学校で育った子どもなど、親とあまり一緒に過ごすことができない人もいる。親や先生にきらわれたと感じ、つらい思いをする子もいる。人間は一生、悲しみを経験しながら育ち、愛着の対象から離れつつ生活領域を広げていくともいえる。親のふところを離れ、故郷を離れ、それまで強く愛着をもっていたものから離れていくことで、自分の幅を広げていく。

仏教と子どもの悲嘆

日本の精神史に大きな足跡を残した著名な仏教者のなかには、子どもの頃、親と死別した経験をもった人が目立つ。幼少期に親が死んだために出家したという例も少なくなかった。法然、道元などもそうだが、明恵は親の喪失による心の痛みを鮮烈に表現した人として知られている。そういえば、仏教のおおもとであるブッダ自身、生まれてすぐ母を失っている。

栂尾の高山寺に住し華厳学の学僧としても名高かった明恵（一一七三－一二三二）は、紀州有田郡に生まれたが、八歳でまず母を亡くし、同じ年に続いて父が戦死した。翌年、高雄（高尾）の神護寺へ入る。そのときのことを、「栂尾明恵上人伝記」（『明恵上人集』一〇七－一〇八頁）はこう伝えている。

九歳にして、八月に親類に放れて、既に高雄山に登せらる。何と無く古郷の名残惜しく覚えて、泣々馬に乗りて行くに、鳴滝と云ふ河を渡るに、馬立ち留りて水を飲まむとするを、手綱を少し引きたれば、歩々水を飲むを見て思ふ様は、畜生とて拙き者だにも、人の心を知りて、行くとこそ思ふらめ、留らずして、歩みながら水を飲むらめ。我、父母の遺命に依りて入寺する、一旦親類の名残惜しければとて、泣かるゝ事のうたてさよ。遙かに馬には劣りけりと覚えしかば、則ち、恋慕の心止めて、一筋に貴き僧と成りて、親をも衆生をも導かんと、心中に願を発しけり。

明恵は「仏眼仏母」という仏の画像を生涯、大事に保持していた。「仏眼仏母」というのは、仏の智恵の眼を一個の仏としたもので、一切の仏を生む母という意味で「仏母」とよばれる仏だ。その画像の左右の上隅に書き込みがあり、「モロトモニアハレトヲボセミ仏ヨキミヨリホカニシル人モナシ」と書かれている。また、「哀二愍我一、生々世々不二暫離一、〔南無〕母御前〳〵」、「南無母御前〱　釈迦如来滅後遺法御愛子成弁紀州山中乞者敬白」と書かれている。明恵は仏を恋慕して少しでも仏のもとに近づきたく、インドにまで渡りたいと夢想したという。そのように少しでも仏の近くにいて道を修めたいという求道心が、亡き母を恋い焦がれる心情につながっていることを明恵は隠さなかった。

アイデンティティと悲嘆

ボウルビィら発達心理学の専門家たちは、たくさんの子どもの反応を見ながら、愛着の対象の喪失と成長について考えた。フロイト以後の精神分析で次第に強調されていくことだが、人が育っていく際に、最初に母の愛に包まれていた経験がいかに大きな恵みであるか。エリック・エリクソンの言葉では、世界に対し、また生きていくことに対して「基本的信頼」をもつことがその後の成長を支える糧（かて）となる。それはまた、いのちの恵みの源への感受性を育むことでもある。日本人にとってのいのちの源、それは母でもあるが、また家族や地域の人々の愛でもあり、故郷の自然でもある。悲嘆とともに生きていくことは、いのちの源の感覚をもつことでもある。そう感じる人が少なくない。

ユダヤ系デンマーク人の母親から生まれたが、父が誰かを知ることがなかったエリクソンは、ウイーンでフロイトの娘のアンナ・フロイトについて精神分析を学び、アメリカに移住して、発達心理学とライフサイクルの理論家として、また精神分析と文化研究を結びつけて独自の研究領域を開拓した学者として知られるようになった。ライフサイクルのある段階で人は「アイデンティティ」（自己同一性）の探求に取り組む。青年期に人生を生きていく指針の土台となる「自分は何者か」という問いへの答えを見出そうとする。多くの人と共有し、未来の自分を方向づけるような歴史的・社会的な精神的対象に自分を結びつけて、社会的な自己の位置づけを含んだ自分らしさの感覚を得ようとするのだ。

エリクソンの初期の著作、『幼児期と社会』（一九五〇年）の前半では、アメリカ先住民の子どもの育て方と文化的価値観についての考察がなされているが、後半では、ヒトラーやゴーリキー、そしてアメリカ人のアイデンティティの形成について論じ、現代文化の心理歴史的診断が試みられている。続いて、エリクソンはマルティン・ルターの父親との心理的葛藤と、宗教改革という西洋精神史の大転換とを結びつけて理解しようとした（『青年ルター』一九五八年）。個人としてのアイデンティティの葛藤が、西洋の新たなアイデンティティの歴史的な模索につながっていく事態を理解しようとしたのだ。アイデンティティの喪失は悲嘆をもたらすとともに、そのことの自覚をも失わせる。人生への展望を失った人間は、利害関係によって形作られている眼前の生活から離れて高い視点から生きる意味を捉え返すことができなくなってしまう。

悲しむ力を失った社会

エリクソンの心理歴史的考察は、悲嘆を集合的、また文化的な経験として捉えるような視点をも含んでいる。悲しみは喪失によって起こるが、喪失がはなはだしくなると悲しむことさえできなくなる。集合的・文化的な喪失について考えると、「悲しむ力の喪失」ということにも思い至らざるをえなくなる。そのことを主題的に論じたのが、ドイツの精神分析家であるミッチャーリッヒ夫妻だ（アレクサンダー・ミッチャーリッヒ、マルガレーテ・ミッチャーリッヒ『喪われた悲哀――ファシズムの精神構造』）。

ミッチャーリッヒ夫妻は第二次世界大戦後のドイツ人が、悪しき過去をすべてヒトラーに、またナチスの誤りに帰することによって、うまく自己像を構成できなくなっていると論じた。戦後ドイツの「悲しむことができない」社会心理を指摘し、なぜそれが続いているのかを明らかにしようとした。

ある共同体――六百万人もの人間を、自分の攻撃的な欲求という理由のみから殺したと自覚し、何の支えも見失ってしまった共同体が、いったいどんなことをなしたらよいというのだろうか？　そこには、おそらく、その動機をさらに広範に否認することか、さもなければ、鬱病へ退却してしまうこと以外に道はないように見える。しかし、やっと二十年も後になって――アイヒマンのように――逮捕された国家社会主義活動分子は、決して真剣な心的圧迫をうけてはいないようだという事実が明らかとなった。その上、彼らはそれぞれ民族殺戮に直接跡づけられるようなやり方ではタッチしていなかったし、それに応じて否認と自己無害化をしながら、この窮境脱出のためのさまざまな申立てをさがしている。抑鬱反応や自己非難、背負った罪の

大きさへの絶望などは、ひどく稀であった。(三二〇頁)

これはナチスの加担者だけではない。多くのドイツ人もナチスの悪をヒトラーに押し付け、なぜヒトラーの台頭を防ぐことができず、ナチスドイツの隆盛期にはそれを喜びもしたのか、その理由を振り返り、どこに誤りがあったかを反省し、心から理解することができていない。戦後の経済成長によって戦前の悪は克服されたかのように感じてしまっている。これは集団的な「喪の仕事」の欠如だとミッチャーリッヒ夫妻は論じている。

悲嘆の集合的な次元

日本人にとっても耳が痛い議論ではないだろうか。戦前の日本が中国や韓国に対して攻撃的抑圧的な政策や軍事行動を行ってきたこと、それを防ぐことができなかったこと、また国民の大多数が軍国日本に喝采を送ってきたことについて、今も適切に理解しているとはいえないのではないか。また、そのような反省を行うことができていないのではないか。日露戦争に勝利することで日本がアジアを解放する機運を醸成したというような「輝かしい達成」ばかりを強調して戦前の日本を賛美する言説が今も活発になされている。多くの国民に無残な死を強い、膨大な数の海外の人々のいのちを奪い傷つけた無謀な戦争を引き起こした理由について、「喪の仕事」が適切に行われているか、反省せざるをえない。この問題については、第7章であらためて考え直したい。

エリクソンやミッチャーリッヒ夫妻が切り開いたのは、個人的社会的なアイデンティティの混乱と悲嘆とが密接にからみ合っていることである。彼らは悲嘆がなされねばならない心の仕事であることを強調している。そして、現代社会では悲嘆が抑圧され、避けられ、忘却されてしまう傾向があることを述べている。顕著な例は、ドイツや日本のような敗戦国だが、それだけではない。アメリカなどでは冷戦に勝利したという自己過信もあって、ベトナム戦争やイラク戦争を失敗と認めることを避けるような心理傾向が強い。アメリカだけではない。むしろ、資本主義による経済成長に希望を見出している世界で共有される傾向なのかもしれない。

エリクソンやミッチャーリッヒ夫妻の仕事は、悲嘆を集合的文化的な問題として考えていく手がかりを提供したという点で意義が大きい。日本では東日本大震災と東京電力福島原発事故の後にグリーフケアに関心が一段と高まるようになったことと照らし合わせて受け止めたい視角だ。「忘れないでほしい」、「なかったことにしないでほしい」という声が聞こえることの意味も考え直したいところだ。

あいまいな喪失

喪失と悲嘆をめぐる研究の上での大きな展開をいくつか取り上げてきたが、近年の展開で注目すべきものは「あいまいな喪失」をめぐるものだ。グリーフセラピーの新たな理論として関心を集めている。この理論の提唱者はポーリン・ボスというアメリカの臨床心理学者で、日本でもボスの『あいまいな喪失とトラウマからの回復――家族とコミュニティのレジリエンス』などの書物がよく読まれ、「あいまいな喪失」という語がよく知られるようになっている。
「あいまいな喪失」とは何か。失われてしまったのかどうか、不在であるのかどうか、不確かなために悲嘆がわだかまったり、長びいたりすることを指す。大きく二つのタイプがあって、
身体的に不在だが、心理的には実在感が強い場合と、
身体的には存在しているが、心理的に不在である場合だ。
前者の典型的な例は、「行方不明」の人のケースだ。ボスは二〇〇一年九月一一日のアメリカの同時多発テロの際、ニューヨークの貿易センタービルにいたと思われ、その後、行方がわからない人の家族のセラピーを経験したが、これは「身体的に不在だが心理的には実在している」親しい人のあいまいな喪失のわかりやすい例だ。日本では東日本大震災の津波によって、行方不明になっている人のこと、またその家族のことがすぐに思い起こされる。後者の典型的な例は認知症の家族で、そこに親しい大切なその人はいるのだが、その人からは応答がほとんどなく語り合うことも気持ちを分かち合うこともできないことに痛んでいる。これが「身体的には存在しているが心理的には不在である」親しい人のあいまいな喪失のわかりやすい例だ。認知症だけではない。意識が不明確になってしまう場合は他にもあるし、依存症やうつ病の人の家族の心の痛みもそれに準ずるものになりうる。

「あいまいな喪失」の広がりと「心の家族」

以上の「あいまいな喪失」の例は典型的な場合だが、ボスはそれほど明確ではなくふつうによく経験される状況にも考察を広げている。これについては、訳書一二頁の図1「破局的で予期しないタイプのあいまいな喪失の状況（様々なレベルの境界のあいまいさを生み出す）」が参考になる。「悲惨な予期されない状況」は、「戦争」「監禁」「脱走」「認知症」「依存症」「うつ病」「昏睡」など、一部の人が経験するかなり特殊なものである。他方、「より一般的な状況」となると、「移住」「青年が家を離れて自立すること」「ホームシック」「ワーカホリック」「コンピューター・ゲームやインターネット、テレビへの過剰な熱中」など、多くの人が日常的に経験していることである。

共通点は「境界のあいまいさ」である。親しい他者が「応答してくれるのか」「不在なのか」が不確かなため、トラウマ的な経験が増幅し、ストレスが長く続くことになる。これら「あいまいな喪失」に苦しむ人を助けるには、個人の心だけを相手にするのではなく、個人が置かれた文脈に注意し、家族やコミュニティを通して改善を図る必要がある（二一頁にあげられている本書が問う問題群を参照）。鍵概念の一つは、「心の家族（psychological family）」である。

心の家族というものは、人間の心のなかに本質的に存在しているものです。それは、人間の経験の基本的な特徴とも言える喪失を補うものなのです。心の家族とはただ懐かしい人々の寄せ集めではありません。それは生き生きと心の通ったつながりであり、喪失やトラウマのなかにいる人々がその時を生きていくことを助けてくれるものです。愛する人から、身体的にも、心理的にも切り離されてしまった人は、自分の心のなかで認識できる故郷や家族とつながることによって、喪失に対処していくことができます。このような、心理的に構築された家族は、時として、公的に記録されている家族や現在共に住んでいる家族と重なるかもしれませんし、別なものかもしれません。(三七－三八頁)

つながりの分断とつながりの回復

当事者（クライアント）が誰を心の家族としているかはセラピストにとってもきわめて重要だが、それは必ずしもすぐに見えてくるとは限らない。ここを見落とすと、悲嘆を抱える当事者の困難がますますわかりにくくなる。そうすると「未解決のままになっている悲嘆の症状の根源を見落としてしまうかもしれません。このことは、特に、明確に死が確認できない場合に言えることです」(三八頁)。

この「心の家族」の概念は、死別経験者と死者との関係について、第4章でも取り上げるデニス・クラスが「継続する絆」と呼んだものと通じるところがある。死んでも死者との絆は存在しているが、死者はいない。だが、そのギャップの痛切さを人とともにすることは容易でない。「継続する絆」を人々と共有できないことは心の孤立やふさがれた心を生じさせることになる。そこで、セラピストによる治療の目標も、「人との繋がり」を重視したものとなる。

被災者は、コミュニティの誰か親しい人で、関係が続いていきそうな人と繋がる必要がありま す。個人療法であっても、家族やコミュニティを考慮した介入を推奨します。私の経験からは、そのような治療には、被災者の周囲の人々との様々な組み合わせ――パートナー、配偶者、友人、直近の家族、親類、同僚、近所の人、そして宗教的なアドバイスをする人や年長者など――を含めることができます。しかしそこには、常に心の家族が含まれます。クライアント自身が定義した家族やコミュニティのシステムのなかでは、専門家は自分たちが一時的なものであるという認識の上に立つことになります。（五四－五五頁）

ベトナム戦争で行方不明になった兵士の家族との接触以来、「あいまいな喪失」のグリーフを抱えるクライアントの治療経験を積んできたポーリン・ボスだが、その理論の支えとなる強力な実例は、二〇〇一年にニューヨーク等で起こった九・一一同時多発テロである。

九・一一テロと「あいまいな喪失」

「九・一一テロ後の数週間、人々は、トラウマを受けた家族が、行方不明の愛する人の存在を嘆き求めることに同情的でした。ニューヨークの道路では、親族が行方不明の愛する人の写真やポスターを抱えて、『彼を見ましたか』『彼女を見ましたか』と尋ねながら歩き回っていました」（五五頁）。なかには異常な行動もあった。

ある人は自殺の衝動に駆られましたし、トラウマがひどかったために入院しなくてはならなかった人もいました。ほとんどの人は一時的に呆然とし混乱しただけで、日常生活を送るのに十分な平静さを取り戻すことができました。しかし、私たちみんなにとって、九・一一テロで起きたことは通常の予想を超える出来事であり、世界は公正で道理にかなった場所であるという、誰もが持っていた見方を粉砕したのです。行方不明の兵士の家族や、怪我や認知症のために精神的に不在になった愛する人を持つ家族と同様に、九・一一テロの後にも、悲嘆にくれ、回復していくための満足な方法はなかったのです。（中略）終結はこのような種類のトラウマ的な喪失には不可能でした。（五六頁）

この一節は、阪神・淡路大震災や東日本大震災、また、水俣病やオウム真理教事件や福島原発災害を経験した日本人にとっても、身近に感じられるだろう。トラウマ的な事件や災害による喪失がもたらす「理解不能」の感覚、呆然と途方に暮れざるをえないような経験をした場合、悲嘆や治療の「終結」がいつまでも起こりえない例が多々生じるであろうことはよく理解できる。しかし、それを「怪我や認知症のために精神的に不在になった愛する人を持つ家族と同様」と捉えるかどうかは、疑問が残るかもしれない。

なぜ、喪失がつらく、長引くのか

ボスの「あいまいな喪失」の理論は、現代に顕著に見られる、つらく、長引く悲嘆に注目したことによって、関心を集めている。そこで念頭に置かれているのは、（1）衝撃的な事件・事故・災害による喪失、また、（2）近しい人の認知症や依存症やうつ病による喪失である。そこで取り上げられている事例から引き出されている洞察には学ぶべき点が多い。「心の家族」という概念はたいへん示唆的である。治療のための介入は家族やコミュニティを通してなされる必要があるという点、また、当事者や関係者の文化的背景に対する理解を深める必要があるという点なども妥当な指摘と思われる。

だが、二種類に分類された喪失経験を「あいまいな喪失」という概念でくくり、「実在するのか不在なのかがあいまいであること」が主要な問題だとする捉え方は妥当だろうか。ボスは第二章「トラウマとストレス」で、まず「ストレス」と「トラウマ」を定義している。「ストレス」については、「現状のシステムへの重圧」と定義されるとし、「個人や家族に置き換えると、何かが重圧を引き起こし、それがあまりにも大きいために、良くない変化（崩壊や機能停止）が起こる危険性があることを意味」するという。また、「トラウマ」とは、「それがあまりにも大きく、予期できないものであるために、それに対して防御したり、対処したり、管理したりすることができないくらいのストレス」だという（五二頁）。

そして、「ストレスとトラウマはどのようにあいまいな喪失と関連しているのか」という項で、次のように述べている。

あいまいな喪失がストレス要因になっている時、セラピストは、このストレスとトラウマは、個人を取り巻くあいまいさという文脈から拡がる混乱と無力感が原因であることを思い出さなければなりません。理解しがたく、非論理的で、混乱しており、無意味で、不公平で、個人のコントロールを超えている、そのような状況のもとでは、どのように対処するかという理性的な思考は妨害されます。そして、自分に落ち度がなくても、人はトラウマとストレスを経験します。なぜなら愛する人が存在しているのかいないのかというあたりまえの事が謎におおわれてしまうからです。他のいかなる喪失もこうではありませんし、他のいかなるストレスもここまで手に負えないものではありません。（五七頁）

共有、共感が得られにくい喪失と悲嘆

「理解しがたく、非論理的で、混乱しており、無意味で、不公平で、個人のコントロールを超えている」喪失体験とはどのようなものか。自殺による「心の家族」の死もそうだろう。行方不明ではない戦争やテロによる死も、災害や事故による死もそうだろう。これらの喪失ののみ込み困難な性格を、行方不明による実在と不在のあいまいさに帰するのは妥当だろうか。また、これらと認知症や依存症やうつ病による喪失のつらさを、「あいまいさ」という共通の性格によるものと捉えるのも必ずしも理解しやすいものではない。

こうした喪失体験はなぜ生じるのだろうか。事故や事件、戦争やテロの場合、それぞれで多様である。そして、「終結」がもたらされにくい。第二次世界大戦での日本の死者の多くはそうである。とくに原爆による死者において、その思いは深い。たとえば、原爆でも水俣病でも被害の認定が遅れたことは、悲嘆の長期化に関わっている。その際、被害を認める人と被害があることを認めない人との間で分断が生じる。これは「あいまいさ」の要素もあるが、被害者の人間性を軽視した理不

尽な加害の性格、加害側が責任を認めないこと、権力側が認めないいため人々も被害者に非同情的になりがちであること、被害者を差別しがちであることなども関わっている。他方、認知症、うつ病、依存症などの場合、自殺と同じように、心理的に不在となった人の苦しみを不名誉と感じて、そのことを他者には語りにくいことが、悲嘆の重さやこじれや長期化を招いているだろう。

このように悲嘆の重さやこじれや長期化には多様な要因がからんでいる。そうであるのに、それを当事者の実在と不在の「あいまいさ」という一点に集約しようとするのは、性急な一般化ではないだろうか。だが、こうした単純化にもかかわらず、「あいまいな喪失」の理論が多くの共鳴者を集めているのはなぜか。

それは、喪失の原因が何であるかの認知とそれに伴う感情が共有されにくく、そのために悲嘆が増幅するような経験が増えているからだろう。これまでも、「病的な悲嘆」、「複雑性悲嘆」、「公認されない悲嘆」などについて論じられてきたが、新たに「あいまいな喪失による悲嘆」ということで、安らぎがもたらされにくいつらい悲嘆の特徴を捉えようとする試みが現れ、共感をよんでいる。しかし、それは共感されにくいための悲嘆の増幅と捉えた方がよいように思われる。

そしてそれは個人と家族と「心の家族」が孤立し、悲嘆に共鳴してくれる他者や共同体が見出しにくくなっていることが主要な要因の一つだろう。また、喪失の要因について、社会のなかで異なる捉え方が並存し、認知と感情の分断が広がり、そのために悲嘆の共鳴、分有が成り立ちにくくなっているからではないだろうか。

以上のように考えてくると、この章の前の方でエリクソンやミッチャーリッヒの論を通して紹介してきたような、喪失と悲嘆の集合的次元の重要性に気づかざるをえない。悲嘆をともにするという経験がその社会でどのような形をとっているかという問題である。それはまた、喪失と悲嘆をともに経験するような文化的次元に注意を向けるということでもある。悲嘆をともにすることが容易でなくなっていること、ここにグリーフケアが求められる背景があると考えられる。次章以降はそうした問題について考察を進めていくことにしたい。

参考文献

ジークムント・フロイト「悲哀とメランコリー」("Trauer und Melancholie", 1917)『フロイト著作集』6(井村恒郎・小此木啓吾他訳)人文書院、一九七〇年、原著、一九一七年
小此木啓吾『対象喪失――悲しむということ』中公新書、一九七九年
ジョン・ボウルビィ『ボウルビィ母子関係入門』(作田勉監訳)星和書店、一九八一年(*The Making & Breaking of Affectional Bonds*, 1979)
同『母子関係の理論』全三巻(黒田実郎他訳)岩崎学術出版社、一九七七-八一年(*Attachment and Loss*, 1969–1980)
喜海「栂尾明恵上人伝記」久保田淳・山口明穂校注『明恵上人集』岩波文庫、一九八一年
エリック・エリクソン『幼児期と社会』全二巻(仁科弥生訳)みすず書房、一九七七、八〇年(*Child-

hood and Society, 1950）

同『青年ルター』全二巻（西平直訳）みすず書房、二〇〇二、〇三年（*Young Man Luther: A Study in Pcychoanalysis and History*, 1958）

アレクサンダー・ミッチャーリッヒ、マルガレーテ・ミッチャーリッヒ『喪われた悲哀――ファシズムの精神構造』（林峻一郎・馬場謙一訳）河出書房新社、一九八四年（*Die Unfähigkeit zu Trauern*, 1969）

ポーリン・ボス『あいまいな喪失とトラウマからの回復――家族とコミュニティのレジリエンス』（中島聡美・石井千賀子監訳）誠信書房、二〇一五年（*Loss, Trauma, and Resilience: Therapeutic Work with Ambiguous Loss*, 2006）

デニス・クラス「遺された親の精神的、社会的ナラティヴに見られる亡き子どもの内的表象」ロバート・A・ニーマイヤー編『喪失と悲嘆の心理療法――構成主義からみた意味の探究』（富田拓郎・菊池安希子訳）金剛出版、二〇〇七年（*Meaning Reconstruction and the Experience of Loss*, 2001）

第4章　グリーフケアが身近に感じられるわけ

悲しみを分かち合う文化の後退

「悲しむ力の喪失」は戦争の記憶というような領域でだけ起こったことではない。日本の民俗学の創始者である柳田國男が一九四一年に行った講演で、後に「涕泣史談（ていきゅうしだん）」と題されたものがある。この文章で柳田國男は、近年になって日本人はあまり泣かなくなったと書いている。悲しみを表現するのがへたになったというのだ。

こんな例が引かれている。「二十歳の夏、友人と二人で、渥美（あつみ）半島の和地（わじ）の大山へ登ろうとして、麓の村の民家で草鞋（わらじ）をはきかえていたら（中略）婆さんが一人、近くよって来ていろいろの事を尋ねる。どこの者だ、飯は食ったかだの、親はあるかだのといっているうちに、わしの孫もおまえさんのような息子であった、東京へ行って死んでしまったというかと思うと、びっくりするような声を揚げて、真正面で泣き出した。あの皺だらけの顔だけは、永遠に記憶から消え去らない」（三二七−三二八頁）。柳田は若い自分たちを見て亡くなった自分の孫のことを思い出して、若者たちに自らの深い悲嘆を隠しもしなかったこのお婆さんに強い敬意をもってこの文章を書いている。

こんな人が少なくなった。言葉で表現する力が発達してきたので泣かないのかというとそうでもない。言葉で悲しみを表すのも紋切り型で心がこもっていない。柳田國男は日本海側の各地で、お盆やお彼岸に死者を迎えようとして、「じい様ばあ様、このあかりでおでやれおでやれ」と言い、送るときには「おいにゃれおいにゃれ」などと「高いかなしい声で喚んでいる」という例をあげて、こう述べている。

それをコナカリなどと称して、主として小児の役のようになっているが、とにかくに生きた人ばかりか、死んだ眼に見えぬ人の霊にまで、やはり心のかなしみの声を、聴かせる必要を昔の人は認めていたのである。(三三九－三四〇頁)

「コナカリ」の意味はよくわからないが、子どもも参加して死者たちへの悲嘆の気持ちを分かち合うこうした儀礼が、死に向き合わざるをえない人々の心を深いところで支えてきたことを柳田は示唆している。

悲しみを分かち合う儀礼の後退

グリーフケアが登場してくる前に「悲しみを分かち合う文化の後退」があったのではないか。この問題について正面から問うた書物が、一九六〇年代に著されている。ジェフリー・ゴーラー(一九〇五－一九八五)の『死と悲しみの社会学』である。この本には「自伝的序文」があり、この本の論点が個人的な経験と結びつけて印象深く語られている。

ゴーラーは一九一〇年五月の英国国王エドワード七世の死のときについて、鮮明な記憶をもっていた。ある日曜日に乳母が子どもたちを公園に連れていってくれた。陽光を楽しもうと来ている人が多かったが、女性はほとんどすべて、喪服を着ていたという。それ以外にも死を身近に感じる機会が少なくなかった。街角では葬送の行列に出会うことが多く、子どもたちは行列が通り過ぎるまで帽子を脱いでじっとしていなければならなかった。一〇歳のとき、父が亡くなったが、それはドイツの潜水艦に沈められた客船ルシタニア号に商用で乗っていたためだった。第一次大戦による死者は多く、この頃、喪服姿の婦人は頻繁に見られた。ゴーラーは自分の母は幸運だったという。喪服のきまりを守りながらも、負傷兵の世話をする仕事に携わることができたからだ。

母の生活にあいた穴は、熟練を要する有益な仕事によって適切に埋められたのである。それ以前の時代であれば、彼女がこれほど頼りにされることはなかったであろう。また、ずっと後の時代であったなら、母は自分を支えてくれた服喪儀礼の恩恵にもうあずかれなかったであろう。儀礼が存在していたお陰で、いちいち自分で決めねばならぬというううんざりする行為を、母はしないで済んだのである。(一八頁)

ゴーラーは二〇世紀のふたつの大戦を経る間に、喪の儀礼が急速に失われていったと捉えている。その要因の一つとして、戦死者の妻たちへの配慮があったのではないかという。彼女たちが長い期間、喪に服しているよりも、新しい人生に向かっていくことを認めようとする考え方が作用したのではないかと推測している。

ゴーラーの生涯でつらかった死別の体験は子どものときの父との死別の体験と、第二次世界大戦後の弟ピーターの死だった。優秀な学者で、幸せな家族生活をしていた壮年期の弟ががんになった。それが致死的ながんであることを、ピーターの妻に知らせるべきか迷った。この当時、死が近いと告知することはイギリスでもなされていなかった。結局、知らせることになったが、家族は皆、つらい思いをもち続けた。ピーターの死後も友人らがピーターの死に触れるのを好まなかった。それは妻のエリザベスにとっても兄のゴーラーにとっても慰めの乏しい重苦しい日々の継続となった。

ゴーラーが弟の死について述べていることは、死に触れようとしない、死を隠す当時のゴーラー周辺の人々の文化や習慣と関わっている。宗教儀礼にあまり親しみを感じていない彼らの社会階層や受けてきた教育のあり方によって、悲嘆のプロセスがとどこおっているとゴーラーは示唆している。当時のイギリスで医療関係者や知的な思考を重視する人々は、死に関わる儀礼を軽視し、結果的に死を隠すような文化傾向を後押しすることになっていったと捉えられている。

死のポルノグラフィー

こうした経験を踏まえて、ゴーラーは一九五五年に「死のポルノグラフィー」と題する文章を発表した。この文章も『死と悲しみの社会学』に収録されている。社会人類学者であるゴーラーは世界の諸民族で死別の悲嘆を分かち合う儀礼が濃密に行われてきたことに注目し、イギリスでもかつてはそうだったという。

死亡率が高かった一九世紀に、「うるわしき亡骸」に別れの挨拶をしたことがないとか、人が死につつある場に一度も立ち会ったことがないという人は、滅多にいなかったであろう。葬儀は、労働者階級にとっても、中流階級にとっても、貴族にとっても、最大限に見栄をはる機会であった。共同墓地は、古い村ならどこでもその中心にあり、ほとんどの町で目につきやすい所に位置していた。（二〇七頁）

ところが、二〇世紀を経るうちに、自然な事柄であるはずの死はますます「口にできないこと」になってきた。宗教心が薄れてきたことと明らかに関わりがある。死後の生について語ることができなくなっていくにしたがって、死について語ることも容易でなくなっていく。ゴーラーは質問紙調査で、最近五年間に家族が死んだ経験をもつ人びとに、一六歳未満の子どもたちに親としてその死をどう説明したかについて尋ねた。半数弱の親は子どもに何も言わなかったと答えた。残りの親たちも多くは婉曲表現で答えた（四三－五一頁）。

「娘には、おじいちゃんは天国のイエス様のところへ行ったのよ、と言って聞かせました。嘘にならない範囲で、できるだけおとぎ話のようにして語ろうと努めました」

「私たちは静かな口調で息子に、祖母は遠くへ行ってしまった、と言いました」

「子供たちには、おばあちゃんは眠ってしまい、おまえたちはもうおばあちゃんに会うことはない、と話しました」

うまく話せなかった親たちの弁明もあげられている。

「子供たちには、おじいちゃんが死んだ、と話しました。それだけです。近頃の十代の子供たちは、そういったことには心を悩ませないのです」

「私は説明しませんでした。子供たちは学校で習ったと思いますよ」

「子供たちには、私たちのやっていることに加わらせませんでした。そして聞かれない限りは、何も子供たちには話しませんでした」

このように身近で自然な死については、隠されていく傾向が強まってきた。グリーフワーク（喪の仕事）の容器となっていた儀礼や教えや物語が遠ざかっていった。その一方で、横死や非業の死については、ニュースやエンタテインメントで盛んに取り上げられる。娯楽や他人事として、刺激の強い殺人事件や次々死者が出る戦闘場面にふれる機会がたっぷり用意されてもいる。ちょうど日頃隠されている性に関わる表現をポルノグラフィーがあからさまに取り上げるのに似ていると、ゴーラーは言う。少し後の時期にシシリー・ソンダースがロンドンで聖クリストファー・ホスピスを始めるが、それはゴーラーと同じような現代先進国文化の難点を察知してのことだっただろう。

悲嘆の文化の力とその回復

死別による喪失に痛む人々にとって、悲嘆を表現し分かち合う文化は大きな支えとなっていた。近代以前の社会では、悲嘆の表現は自然なことだという意識が共有されており、当事者の周囲の人は当事者の悲嘆を分かち合い、共鳴する気持ち、支える気持ちを無理なく示すことができた。「グリーフケア」という課題に意識的に取り組むまでもなく、共同体や社会の宗教的、あるいは慣習的な実践を通して、おのずからグリーフワーク（喪の仕事）が進められていった。そして、それによって人は悲嘆を通して人間的に成長していくことにもなった。

悲しみそのものはけっして害悪ではなく、病気でもない。むしろ成長の糧（かて）とさえいえる。悲嘆の文化に注目した人々の論では、そのことが前提となっている。前にあげたエリクソンやミッチャーリッヒもそうだし、今、紹介してきたゴーラーの見方もそうだ。彼らはいずれも現代社会が、「喪の仕事」を適切に行う文化装置を失ってきているのではないかと考えた。人類文化という観点からすれば、悲嘆には積極的な意義があると捉えるのが自然である。それが失われてきたために、新たに意図的に「グリーフケア」というような営みを立ち上げる必要が生じている。このように考えることができる。

現代のグリーフケアでは、このような認識が広まっている。悲嘆はできれば経験せずにすむ方がよいものではなく、人間が経験するべき定めにあるものであり、悲嘆を通してこそ得られる経験の次元もある。今では、悲嘆は生きて行く上で大きな力になるという合意がある。「トラウマ後の成長」という概念も用いられるようになっている。しかし、二〇世紀の半ばの医学でグリーフケアが課題として強く意識された際には、うまく克服できない悲しみにより、病的になるような人々の事例が注目された。「病的な悲嘆」とか「複雑性悲嘆」という言葉が頻繁に用いられた。今でも後者はしばしば用いられている。

悲しみの力と病的な悲嘆

「病的な悲嘆」に応じようとする理論が出てきたのが一九四〇年代だ。一九四四年、リンデマンという医師が悲嘆のために苦しみ続ける人、あるいは自らいのちを絶とうとする人のケアについて論じた。ボストンのナイトクラブ「ココナッツ・グローブ」という店が大火事になった。リンデマンはその被災者たちのなかにいつまでも立ち直れない人たちがいることに気づいた。

妻がその事故で亡くなってしまった三二歳の男性は、最初は元気そうで何も健康に響く影響などないように見えたので短い入院ですんだ。ところがその後、しばらくして彼は家族に付き添われて病院に戻ってきた。だが、落ち着きがなく、「だれも私を助けることなどできない。私はいつ死ぬのですか？　私は死ぬのでしょう？」などとくりかえしつぶやいている。火事の記憶にとりつかれ、妻を助けることができず気を失ってしまったことが許せないようだった。入院して六日目、看護師の目をかすめて、彼は窓から飛び降りてしまった（「悲嘆——症候と処置」ロバート・フルトン編著『デス・エデュケーション——死生観への挑戦』）。

リンデマンはこうした事例を「病的な悲嘆」とよび、そういう人を医学的にケアし治療するにはどうしたらいいか、そのような研究課題に応えようとしている。病的な反応の特徴は、（1）身体的苦痛、（2）故人の面影への執着、（3）罪責感、（4）敵対的反応、（5）行動形式の喪失、などである。「敵対的反応」というのは、他者と交わりながら、温かい心をもつことができず、相手を困惑させるような行動に出てしまうということである。いらだったり、怒りを示したり、ほうっておいてほしいと背を向けたりする。本人もそうした状態を扱いかねており、そのために社会関係が保てなくなってしまうのだ。

喪の段階と喪の課題

その後の研究では、喪失を経験した人がどのような心理的な経過をたどって「回復」していくかについて段階を想定する理論も提示された。ボウルビィは「抗議」、「絶望」、「離脱」という三段階を唱えた。母親を亡くした子は「どうしてお母さんはいなくなっちゃったの」、「どうして私だけが人の家に預けられたの」といった問いを抱く。だが、やがて、もう何を言っても、何を考えても、事態を変えることはできないとあきらめる。あきらめがつくと気を取り直して新たな対象に心的エネルギーを向け始める。エリザベス・キュブラー・ロスの理論では、自らの死を前にした人が死に対するときの意識、「否認」、「怒り」、「取引」、「抑うつ」、「受容」の五段階と相同だ。

他にもさまざまな段階理論がある。だが、次第に段階理論に対する批判が強まってきた。喪失に対する人々の反応は多様で、画一的なパターンを想定するのは適当でない。柔軟な対応を妨げることにもなる。段階を踏んでいない人を異常と見誤ることにもなりかねない。それはまた、悲嘆からの「回復」というようなゴールを想定することへの疑問でもある。「悲嘆とともに生きる」ことは、愛に価するもの、生きる上で大切な尊いものを意識し続けることだ。だが、それにはさまざまな形がありうる。「離脱」とか「受容」というようなゴールを想定することは、「悲嘆とともに生きる」多様なあり方をむりやりある型に押し込もうとすることになりかねない。

そこで悲嘆を抱いている個々人が果たさなければならないいくつかの課題をあげて、その課題が果たされるように援助しようとする立場が登場する。ウィリアム・ウォーデンに代表される課題理論である。ウォーデンは『悲嘆カウンセリング――臨床実践ハンドブック』(第四版原著、二〇〇八年、初版原著、一九八二年)で喪失に適応するには四つの基本課題があると捉えた。「その課題は特定の順序にそって取り組まれる必要はないが、それぞれの定義を考えると、ある程度の順序性はあると仮定されている」(三七頁)。フロイトは「喪の仕事」と捉えたが、仕事をすることは課題を果たすことなのだから、「喪の仕事」を果たすための「喪の課題」という捉え方は一定の妥当性があるように思われる。

喪の四つの課題

では、ウォーデンが示す「喪の四つの課題」とは何か。第一は「喪失の現実を受け入れること」だ。喪失を否認しようとする心の働きがあることが報告されている。たとえば、「死んだ人は私にとって大きな意味がある人ではなかった」と考えたり、亡くなった人のことを記憶から追い出したり、遺物を「ミイラ」のように保存して帰ってきたらいつでも使えるようにしておく、さらには霊として生きているとして呼び出して交流することにこだわる、などである。これら幻想に頼る否認を克服していくという課題がある。第二は「悲嘆の痛みを消化していくこと」だ。悲嘆に伴う苦痛（英語の pain、ドイツ語の Schmerz）を消化する（processing）というのは苦痛を感じないようにすることではない。悲嘆に伴う苦痛を意識から締め出したり、一時的に和らげる慰安に逃げるのではなく、悲嘆にしっかり向き合い、それを消化していかなくてはならない。

第三の課題は「故人のいない世界に適応すること」だ。重要な他者が亡くなった世界で生きていかなくてはならない。まずはそうした環境に対する「外的適応」が必要だ。また、死別によってその人のアイデンティティや自尊心や自己効力感に生じる影響に適切に対応できているか（「内的対応」）。新たなアイデンティティや自尊心や自己効力感が獲得できているだろうか。さらに「スピリチュアルな適応」、すなわち意味世界が壊れてしまうような衝撃があった場合、それをどう立て直していくかという課題がある。第四の課題は、「新たな人生を歩み始める途上において、故人との永続的なつながりを見出すこと」である。悲嘆に苦しむ人の心のなかで、やがて大切な故人が安定した位置をもって思い起こされ、作用し続けるようになる。その際、故人と生者の関係が新たな生を支え育むようなものになっているかどうかという課題である。

以上のような「課題」を指標として、カウンセラーは悲嘆を抱える人を導いていく。これが課題理論の立場である。だが、ウォーデンが設定するような「課題」の解決こそが、悲嘆を抱える人の求めているものなのだろうか。心理学者や精神医学者が理論化を目指すのはよいが、それはある鋳型に人々を流し込むことにならないだろうか。

意味の再構築という枠組み

このような反省を経て、一九九〇年代以降、グリーフケアの新たな理論が提起されるようになっている。その一つは「意味の再構築」という枠組みで悲嘆を理解しようとする試みだ。トーマス・アティッグ、ロバート・ニーメヤー（ニーマイアーとも）、デニス・クラスらによって提起されたもので、二一世紀に入って支持者が広がっている。

悲嘆のあり方は多様だ。その人その人がもっている個人史や人間関係や生活環境のあり方、そして誰がどのような事情で亡くなったかによって、一口に死別の悲嘆といってもその表れはまことに多様だ。自死遺族や周産期に子どもを亡くした親は、自分の悲嘆がなかなか理解してもらえないという思いに沈むことも少なくない。悲嘆を他者に受け止めてもらえないという思いから悲嘆が複雑にこじれていく。悲嘆のために閉じこもっていくことが、悲嘆に苦しみ続ける大きな要因の一つともなっている。

そこで、悲嘆の多様性を一つのパターンに押し込めるのではなく、個々の人の内的世界に即して理解しようという考えが出てくる。それぞれの人は重要な他者の喪失によって崩されてしまった「生きている意味」の枠組み（意味世界）を構築し直す作業（ワーク）をせざるをえない。これは自己自身の物語を組み立て直すというふうに言い換えることもできるだろう。自分が何者か、何を生きがいとして生きてきたか、生きているかについて、それぞれの人は自伝的な自己理解をもって生きている。重大な喪失によってその物語が成り立たなくなる。そこで、遺された者は自己の物語の再構築という大きな課題に乗り出すことになる。遺族が語り（ナラティヴ）を分かち合う機会をもつことがグリーフケアにおいて重要なのはこのことと関わっている。

それはまた、他者との関係を組み立て直していくことでもある。たとえば、亡くなった子どもに投じてきた関心（心的エネルギー）を他の子どもたちや仕事仲間に振り向けるというようなこともあるだろう。大切な一人を失った家族は、遺された者同士で形作る関係のあり方も変わってくる。お互いが痛みを抱えているために、そこに困難な問題が生じることもある。新たな他者、たとえば同じ悲嘆を抱え込んでいる人との出会いが大きな助けになることもある。

だが、亡くなった他者といってもまったくいなくなってしまうわけではない。デニス・クラスがいうように絆は継続している。心のなかに亡くなった人は形を変えて住み着いている。そのあり方も時を経て変化していく。遺された者は「継続する絆」（continuing bond）を強く感じているし、亡くなった人の「内的表象」（inner representation）はその人の心の世界に大きな位置をもっていることが多い。

「遺された親の会」（Bereaved Parents）

クラスは子どもが亡くなった親たちのグループでの語り合いに学びながら、遺された親たちの意味世界の変化を描いている（「遺された親の精神的、社会的ナラティヴに見られる亡き子どもの内的表象」ロバート・A・ニーマイアー編『喪失と悲嘆の心理療法――構成主義からみた意味の探究』）。死んだ子供の内的表象と遺された親の社会関係の変化に注目して、悲嘆後の遺族の心の変化を描き出している。

死別直後、あの子がもういないという事実にとても向き合うことができないように思える。現実から乖離した非現実的な夢想に入り込む。あるいは、現実とは思いたくないという否認の心理につき動かされる。「遺された親の会」の会報にはこんな記事があるという。「窓から差し込む光に目覚める。とても美しい日だ。でも、ちょっと待って、私は夢を見ていたの？　何かがおかしい。何故私は完全に目を覚ますのをためらうのだろうか。いいえ、これは悪い夢ではない。現実だ。この部屋は空っぽ。／（中略）……私たちの心は決して埋まることのない空っぽの部屋と共に置き去りにされてしまった」（八七頁）

ふだんの他者との関係がぎくしゃくして孤立を感じる。慰めの言葉なのだろうが傷つける言葉と受け取ってしまう。会報にはこんな記事もある。「どうか、私たちに思い出を忘れろと、元気を出してと、あの子は死んだけれども生活は続けていかなければならないのだ、と言わないで下さい。子どもたちへの愛情は、死によって終わることはないのです。……そうです、私たちはあの子が亡くなったことはわかっています。もう戻って来ないことも、そしてそれこそが辛いのです。／どうか、私たちのことは我慢して下さい。なぜ、私たちが今このように行動しこのように感じているののかを、理解しようとして下さい。少しの言葉、振る舞いで、私たちが愛しても、泣いても、覚えていてもいいのだと伝えて下さい」（八九頁）

時が経つにつれて「喪の仕事」が進行する。子どもの「内的表象」の変化はその重要な要素である。心の中に子どもは残っている。子どもを失った悲しみのつらさが子どもの苦痛として経験される。二歳の娘を幾カ月もの入院治療の末に亡くした母親は、自分が検査のために病院へ行ったとき、子どもの痛みをしばしば思い出していた。ところが、病院で娘に知らず知らず語りかける気持ちになっていた。「ママを見てごらん。血を採らせてあげているよ。痛くないように大きな女の子になるのよ。見てごらん、J、ママは大きな女の子になるのよ」

その時の採血はこれまでになかったほど痛かった。だが、これが一つの転機になった。この母親はこう語っている。「私は職場に戻る道すがら泣き続けた。Jがどんな目に合っていたかがわかった。その次に採血をしたときは、いつものようにほとんど痛くなかった」（九一－九二頁）。痛みのなかにいた亡き娘の「内的表象」が、痛みを克服していく母親を見守る「内的表象」へと変わっていくのだ。

悲嘆とともに生きる

さらに時が経ち、子どもの死を受け入れて、悲しみとともに生きるあり方を見出していく。デニス・クラスはこの過程で起こることを、死者の内的表象に対して「手放すこと」、「すがりつこうとしなくなること」という言葉で表現されることが多いという。子どもを亡くした親の自助グループの一つでは、円の中に両手と、両手から離れたところに子どもが描いてあるロゴマークを用いている。死産の経験がある母親の以下のような話が会報に記されていた。四歳の子どもに、「なぜその子は手からそんなに離れたところにいるの」と聞かれた。母親は「その子は死んでしまったの。この手はママかパパの手で、その子に触れようとしているのよ」と説明した。すると、その四歳の子はこう言った。「ママ、それは違うと思うわ。この手はその子を解放してあげているのよ」。母親はこの女の子の言葉に大切なことを教えられたと感じた。

> 彼女は、私がまだ触れようとしていることに気がつかせてくれました。Bを死産して二年になりますが、私はまだ何かに触れようとして手を伸ばしていました。それが何なのかはわかりませんが、それを見つけたときにわかるでしょう。おそらくそのときに、私の一部が自由になることができるんだと思います。（九五頁）

痛みを手放す。そしてそのかわりに死んだ子どもとの明確な絆が得られる。亡き子が心のなかで落ち着いた場所をもち、悲嘆とともに生きてゆく自分のあり方がのみ込めるようになる。「遺された親の会」はそのような心の状態を目指している。こうした心の状態が得られるようになると、社会生活のさまざまな関係のなかで亡き子の位置も見えてくる。亡き子のおかげで自分の現在の社会生活があるというように感じるときもある。

一〇年以上前に息子を亡くしたある父親は、悲嘆の初期には、人々が彼の前で息子のことを話題にするのを恐れているようであったが、今では自然な会話の中に息子のことが頻繁に出てくる、と語ったという。クラスはこうまとめている。

子どもが存在している感覚を味わう、子どもが考え方や出来事に活発に影響を与えているという信念を持つ、または子どもの性格や美徳を意識的に取り入れるといった、死別した子どもの内的表象との活発な交流を示す現象は、もはや親が自分の気は確かなのかと心配するような出来事ではなく、日常生活の中の肯定的な一部として受け入れられているのだ。（一〇二頁）

こうして子どもは親の心のなかで、また社会生活のなかで明確な場所をもつようになっていく。つまりは親の新たに構築されていく意味世界のなかで一定の場所をもつようになるのだ。

ケアする側にできること

以上見てきたように、死別の悲嘆を典型とする悲嘆の心理についての研究は、病的な悲嘆への注目からふつうに広く見られる悲嘆全般を説明しようとするものへと展開してきた。そこで見出された答えは「意味世界の再構築」という言葉で要約できることだった。重い喪失を経験し、「喪の仕事」にとりかからざるをえない人々、すなわち悲嘆とともに生きる道を求める人々は、亡き人の像を心に抱きながら生きる意味を捉え直し、世界を意味づけ直そうとしているのだ。

だが、意味世界の再構築は人生の転機や困難に直面したとき、ほぼすべての人が経験しなければならないことでもある。そうであるとすれば、悲嘆のさなかにある人を支援するグリーフケアも、とくに特殊なスキルを身につけなくてはできないものということでもないだろう。実際、グリーフ・カウンセリングの専門家であるロバート・ニーメヤーは『〈大切なもの〉を失ったあなたに――喪失をのりこえるガイド』でこう述べている。

それでは、喪失と必死で戦っている人に対して、何をしてあげたらよいのでしょうか。／「答え」は、ただ一つです。もしその人を気にかけているなら、そして、話を聞いて痛みを分かち合う気持があるなら、その気持に従って誠心誠意行動することです。喪失体験者が自然に思いを話したくなるのは、たとえば「今日はどんなお気持ですか」や、「あのことをお話しになりたいですか」と言われた時です。／あなたの主な役目は、即答することでも、解決案を提供することもなく、ひたすら話しを聞くことです。けれども、あなた自身の喪失体験――最愛の人を亡くしたことや、その人が自分にとってどんなに大切だったかや、その人との特別な思い出や短いエピソード――を話してみるのは悪いことではありません。喪失体験者が期待しているのは、問題の解決や助言などではなく、一緒にいてもらうことや、心の奥深くにしまい込んだ思いを分かち合うことなのです。（九七頁）

ニーメヤーは「分かち合う」こと、また「分かち合おうとする気持ちで寄り添う」ことこそすべてだと言っている。災害後の被災者支援で繰り返し述べられている「傾聴」「寄り添い」ということに尽きるというのだ。

悲しむ人への「悪いアプローチ」

ニーメヤーは続いて、グリーフのさなかにいる人に対する「悪いアプローチ」と「よいアプローチ」について述べている（九九－一〇〇頁）。「悪いアプローチ」は八つあげられているが、たとえば以下のようなものだ。

・「あなたは気丈ですね」と言い、相手にそう振る舞うように強制すること。喪に服している人は、期待に応えなければならないと心を悩ませるだろう。

・「必要なことがあったら電話して」と言う。曖昧な申し出は断られるのがオチである。本当は電話して欲しくないのだな、と相手に見透かされる。

・「時間がすべての傷を癒す」と言う。喪失の傷は決して完治しないし、そもそもグリーフ・ワークは時間が経てば自然に完了するものではなく、能動的な仕事である。

・「あなたのお気持がよくわかります」と言う。グリーフは人それぞれ独自の経験であるから、相手の悩みを勝手に推量するのではなく、その人の気持を聞くべきである。

・「チャンスはいくらでもあるから落胆するな」（中略）といった、ありきたりのお悔やみを述べる。こういう言葉は、喪中の人の気持を理解する気がないと言っているに等しい。

「悪いアプローチ」はどれもグリーフのさなかにある人の気持ちを理解する気がない、あるいは悲しみを分かち合おうとする気がないと受け取られてしまうものだ。本人は俯瞰的には当事者の気持ちを理解する、また悲しみを分かち合うつもりだったのかもしれないが、それを表す言葉が見つからないで困ったり、その場を持て余して逃げる言葉になったりする。それが当事者から見ると冷たい響きに聞こえるのだ。

悲しみを分かち合おうとする態度

他方、「よいアプローチ」は当事者の気持ちを理解しようとする態度、また悲しみを分かち合おうとする態度がおのずから察せられるようなものだ。

・対話の糸口を用意する。何といってよいかわからない時には、「今日はどんなご気分ですか」とか、「あなたのことを気にしていました。その後いかがですか」などと言ってみる。

・耳を傾けること八〇パーセント、話すこと二〇パーセントの配分を忘れない。誰かの深い悩みをじっくり聞いてあげる人は稀である。その稀な一人になりなさい。その結果、相手とあなたの両者に新しい学びがあるでしょう。

・その人と「ともにいる」。心を開くこと、気にかけてあげること以外に手助けのルールはない。

・あなた自身の喪失体験を、そしてどのように順応したかを話してあげる。人によって対応のスタイルは違うかもしれないが、あなたが話せば救いになる。

・言葉が出ないときには、相手の肩に手をかけるとか、ハグするなどのスキンシップを持つ。相手を慰めようとして、ひっきりなしにしゃべるよりも、沈黙を快いものとして共有しよう。

では、なぜ悲しみを分かち合おうとする態度がこれほどまでに重要なのか。悲嘆のさなかにいる人は、言わば悲嘆に閉じ込められ孤立している。悲嘆のさなかにいる人を「そっとしておいてあげよう」と思うのももっともなところがある。喪を過ごしている人は一人でいることを必要としていると感じられる。私には何もできることはないと、腫物にさわるような感じで引き下がるのが穏当と思う。だが、それは悲嘆の経験の一面だ。死者と孤独にやりとりをするような時を過ごしながら、悲嘆とともに生きる姿勢になっていく。その過程は長く続くがそこでは悲嘆を分かち合い、心の中の死者を他者とともに悼み、ともに悲嘆を生きる方向へと歩みだしていくことが必要なのだ。

グリーフケアが求められるようになるまで

一九九〇年代以降、グリーフケアについての論著は「病的な悲嘆」という枠組みを超えてきている。医療の助けを必要とするような形で心を病む人だけでなく、ふつうの人々の多くがグリーフケアを求めている。そして、そこでは誰にでも訪れる死別や喪失の経験に即して、「悲嘆とともに生きる」生き方の理解が深められ、その過程を支援するためのグリーフケアのあり方が論じられるようになっている。そして、ケアする側にとってもっとも大切なことは、寄り添いや傾聴の姿勢で当事者に接することだとされる。言い換えれば、当事者の気持ちを理解しようとする態度、また悲しみを分かち合おうとする態度こそが力になるということである。

だが、ここで考えたいこととは、なぜ悲嘆への理解やグリーフケアの理解が二〇世紀の末から二一世紀の初めにかけて急速に進展したのか、ということである。私の考えでは、それは悲しみを分かち合うことが容易でなくなってきたことと関わりがある。後に少し詳しく述べるが、かつては悲しみを分かち合う共同体があり、悲しみを分かち合う文化があった。たとえば、死者を弔うさまざまな儀礼があり、行事があった。だが、そうした集団で広く共有される悲嘆を分かち合う形が後退してきたという事実がある。たとえば通夜や葬儀、あるいは法事などが死者の追悼の集いとしての力を失ってきている。

だが、それはここ二〇年ほどの間ににわかに起こったことではない。伝統的儀礼や行事の後退は早くから生じていた。近代化の過程ではそれにかわる新たな共同体の形成もあった。会社や新宗教教団、地域的な結社的団体、同窓会などが、伝統的な共同体に代替する共同体として機能した時代もあった。それらを「第二のムラ」とする捉え方もなされた。その過程で悲嘆を分かち合う文化は少しずつ形を変えながらも継承されてきた。ナショナリズムや「国民文化」とよべるようなものがそれに貢献したこともあった。

ところが、二〇世紀の末頃から、そうした近代的な悲嘆の文化も後退していくようになった。グリーフケアはそうした背景のもとに生じてきている。当初、悲嘆は病理として扱われた。そこでは悲嘆がない方がＱＯＬ（Quality of Life　生活の質）が高いとするような理解が生じがちである。しかし、心の豊かさということからすれば、それはむしろ逆である。悲嘆が継続すること、重大な喪失の経験を忘れないことは、むしろ心の豊かさを養うことにもなる。このような逆説的な事態が人間には起こる。ＱＯＬの数値的評価をするような場合には注意すべき事柄である。

死生学とホスピス運動（死の臨床）

グリーフケアをフロイトや精神分析の理論の発達にそって理解していくと、精神医学や心理臨床の一つの領域として見ることになりがちだ。悲嘆は精神障害や病的な心理として対処が必要なものということになる。だが他方で、死別を典型とするグリーフは、誰でもが出会う普遍的な経験として捉えることもできる。誰もが死ぬ。そのことを自覚して生きていきたいものだ。死を自覚して生きることと死別の経験は切り離せない。ところが現代社会では、そもそも死に向き合うことがしにくくなっている。ゴーラーが「死のポルノグラフィー」という語で述べようとしたのはそのような事態だった。

これに対して、一九六〇年代から現代社会で周辺化されがちな「死」をあらためて主題化する動きが起こってくる。ホスピス運動やそれと結びついて展開した死生学（death studies）の動向だ。医療現場はこうした動きの中心だった。科学的合理主義に権威を求めがちな現代の生物学的医療だが、そこでは死にゆく人間にどう対処するかに関わる方法が欠けていた。一九六七年、シシリー・ソンダースは、治療するためではなく死にゆく人をケアするための聖クリストファー・ホスピスを設立した。また、エリザベス・キュブラー・ロスは一九六九年、死にゆく人の心の動きを描き出す『死ぬ瞬間』を公表した。こうした「死の臨床」の新たな動向は、死をめぐる学知や思想を大きく展開させていくことになる。これが死生学の動きだ。

グリーフケアもまた、この「死の臨床」や死生学の動きに大きな影響を受ける。「死の臨床」や死生学においては「スピリチュアルケア」や「スピリチュアリティ」が中心的な主題の一つとなる。死に向き合うことは、生きる意味を問い直すことや死の不安や恐怖に耐える何かを求めることを含む。生きている意味が見失われ絶望に沈むような、スピリチュアル・ペインの経験に寄り添うようなケアが求められることにもなる。深刻な死別や喪失の経験も、生きる力を見失いそうなスピリチュアル・ペインをもたらすことがある。そもそも人生で痛切な喪失を経験することは「小さな死」を経験することだと解することもできる。死を迎えるときの寂しさは、死別の悲嘆の究極の形と捉えてもよいだろう。

グリーフケアとスピリチュアリティ

こうして、二〇世紀の最後の四半世紀になって、グリーフケアをスピリチュアルケアの一つのあり方とする見方が広まり始めた。「スピリチュアリティ」という語は、かつて人々が宗教を通して共有していたような経験の次元を、個々人がそれぞれに経験するときに用いられることが多い（拙著『現代宗教とスピリチュアリティ』）。悲嘆もかつては宗教文化を通して分かちもたれることが多かった。宗教文化が共有されにくいものになってくるにしたがって、悲嘆を経験し表現する形、たとえていえば「悲嘆の容れ物」が見失われてくる。ともに泣いて悲嘆を表現する場がなくなってくる。

柳田國男が「涕泣史談」で述べたのはそんな事態だった。

このことをより体系的に述べようとしたのが、ゴーラーの『死と悲しみの社会学』だろう。そこでは、二〇世紀のイギリスで、キリスト教の信仰や伝統的な喪の慣習を分けもたない人々が増えてきており、その人たちにとって悲嘆を表現し、人々と分かち合うことが困難になっている事態が描き出され、分析されていた。二一世紀に生きる私たちにとって、ゴーラーの分析はよく理解できるところがある。だが、一九六〇年代半ばに『死と悲しみの社会学』を書いたゴーラーには見えていなかった新しい局面もあるのではないだろうか。それは、新たに死に向き合い、悲嘆と向き合うような試みがさまざまな形で行われるようになっているということだ。「それぞれの死生観」を探求する動きもその一部だ。伝統的な死の文化にかわって、新たな多様性に富んだ死の文化の組み立てが進められている。ホスピス運動や死生学もその一つだが、現代の「グリーフケア」もそのような文脈に置いて捉えることができる。

グリーフケアの歴史という視座から捉えると、精神医学や心理臨床の一つの領域として展開してきたグリーフケアが、死生観をめぐる新たな文化動向の担い手として現れるようになってきているということだ。そこではスピリチュアリティが重要な構成要素になっている。そこではまた、病的な悲嘆が主要な問題と考えられているわけでもない。広く人々が経験する事柄としての死別や喪失が主題とされ、「ともに悲嘆を生きる」ことの意味を問い直そうとしている。

グリーフケアと文化

実際的なグリーフケアの活動としても、たとえば東日本大震災後の寄り添いや傾聴活動について、グリーフケアという観点から学び考える姿勢が目立つ。また、この二〇年ほどの間に、自死遺族、子どもをなくした親たちの集い、がんサバイバーの集い、事故・事件の被害者の集い、さまざまな機縁による遺族会など、悲嘆や喪失をめぐる多様で自助的な集いが形成されてきている。グリーフケアの専門家がクライアントを癒す事柄としてではなく、お互いに悲嘆を経験する人々が他者を支え合うための何かとして学ばれるようになってきている。こうしたグリーフケアの実践や知識は、今、急速に発展する途上にあると言えるだろう。

そこで大きな課題の一つとして浮上しているのが、死別や悲嘆をめぐる文化の違い、また文化の意義をどう捉えるかという問題である。「悲嘆の容れ物」としての宗教文化に、人々は確かに距離を感じるようになっている。だが、そうは言っても、死別や悲嘆をめぐる文化の影響力がすっかり失われてしまったわけではない。たとえば、伝統的な葬儀や死者儀礼になじみにくいと感じる人は増えてきているだろう。だが、死者への追憶や、無常を嘆き死別の悲嘆を表現する伝統文化に対する親しみはさほど失われていないようにも思える。

東日本大震災後には、鴨長明の『方丈記』がしばしば思い起こされ、宮澤賢治の詩歌や物語が読み返されもした。どちらも日本の仏教の伝統と深い関わりがある。他方、死者の霊と交流する民俗宗教的な伝統も話題に上る機会が多い。柳田國男が失われていく日本固有の宗教文化を考えて、記録に残そうとしてきたような死者との交わりの感覚が、新たにその意義を問い直されてもいる。現代においてグリーフケアに取り組む際、グリーフをめぐる文化の違いや、多様な悲嘆の文化を継承してきた人類社会の遺産について考えることも重要な課題の一つとなっている。グリーフケアは多くの課題をもつ豊かな学知と実践の領域に展開する途上にある。

参考文献

柳田國男「涕泣史談」『柳田國男』ちくま日本文学、二〇〇八年（初出、一九四一年）
ジェフリー・ゴーラー『死と悲しみの社会学』（宇都宮輝夫訳）ヨルダン社、一九八六年（*Death, Grief, and Mourning in Contemporary Britain*, 1965）
エリック・リンデマン「悲嘆——症候と処置」ロバート・フルトン編著『デス・エデュケーション——死生観への挑戦』（斎藤武・若林一美訳）現代出版、一九八四年（*Death and Dying*, 1984）
ウィリアム・ウォーデン『悲嘆カウンセリング——臨床実践ハンドブック』（山本力監訳）誠信書房、二〇一一年（*Grief Counceling and Grief Therapy:A Handbook for the Mental Health Practitioner*, 1st edition 1982, 4th edition 2008）
トーマス・アティッグ『死別の悲しみに向きあう』（林大訳）大月書店、一九九八年（*How we Grieve*, 1996）
デニス・クラス「遺された親の精神的、社会的ナラティヴに見られる亡き子どもの内的表象」ロバート・A・ニーマイアー編『喪失と悲嘆の心理療法——構成主義からみた意味の探究』（富田拓郎・菊池安希子訳）、金剛出版、二〇〇七年（*Meaning Reconstruction and the Experience of Loss*, 2001）

ロバート・A・ニーメヤー『〈大切なもの〉を失ったあなたに——喪失をのりこえるガイド』（鈴木剛子訳）春秋社、二〇〇六年（*Lessons of Loss: A Guide to Coping*, 2002）

島薗進『現代宗教とスピリチュアリティ』弘文堂、二〇一二年

第5章　悲嘆を物語る文学

悲嘆を物語る文学

かつて人は喪の共同性を通して悲嘆から癒されていった。社会は悲嘆を抱える人を遇する儀礼や行事や生活様式をもっていて、死別による痛みを負った人々はそれらを経過することで、日常生活にもどっていくための力を回復していった。そうした共同生活に埋め込まれた儀礼や行事や生活様式を「喪」というが、今では喪の共同性は残っているとしても簡略化され、実質の薄いものになってきている。喪服や喪中の葉書は残っているが、喪に服している人を気にかける人は少ない。喪に服していることを門や玄関前に表示している家は少ない。葬儀や法事も簡略化し、新盆の行事といっても知らない人が多いだろう。

このような「共同体的な喪の後退」を補うかのように、悲嘆を分かち合う場が広がってきている。「喪の後退」も長い時間を経て進んできていると思うが、悲嘆を分かち合う多様な様式も長い歴史をもつ。「喪の後退」によって、初めて生じたようなものもあるだろう。グリーフケアの集いはそのようなものの一つだ。だが、手厚い喪が行われていた時代から悲嘆の表出は行われてきた。それが新たな様態をもって展開する例もある。悲嘆の文学というのはこの後者に属する。たとえば、「挽歌」は『万葉集』の時代からある。前章で「悲嘆の容れ物」として宗教や伝統儀礼について見てきたが、文学や詩歌もまた「悲嘆の容れ物」としての機能を果たしてきた。二〇世紀の後半には、「悲嘆を物語る物語」が数多く創作されるようになった。やがて、映画やコミックやアニメにも喪失と悲嘆のテーマはあふれるようになる。たとえば、小津安二郎の映画作品は喪失と悲嘆のテーマが繊細に盛り込まれている。序章でふれた『この世界の片隅に』はこれらの物語作品の延長線上に見出せるだろう。

歴史を振り返ろう。古代以来、多くの物語に「悲嘆を物語る」要素が含まれていた。『竹取物語』がすぐに思い出せる。記紀神話のヤマトタケルの物語も印象深いものだ。重要な登場人物の死を語る物語は自ずから、悲嘆を物語る文学の特徴をもつことだろう。では、英雄や始祖や偉大な先達ではない、平凡な一人の人物、いわば「ふつうの人の死」とそれによる悲嘆を物語る文学はどうか。これが目立つようになるのは、比較的新しいことなのではないだろうか。私が思い起こすのは、満一歳になったばかりの長女の死とそれによる悲嘆を描いた小林一茶（一七六三－一八二七）の『おらが春』である。これは一八一九年の出来事について書き記されたものだが、書物として刊行されたのは一八五二年のことだ。

明治維新以後の近代日本ではどうか。近代日本の「悲嘆を物語る文学」として、まず指を屈すべきは内村鑑三（一八六一－一九三〇）の『基督信徒のなぐさめ』である。これが傑出した表現力をもつキリスト教徒によって刊行されたことは興味深い。内村は、人々が共有してきた文化パターンから外れるような場所にいて、孤立のなかで厳しい悲嘆の時を過ごした。だからこそ、新たな時代の到来を告げるような悲嘆の物語を語ることができたのだ。

内村鑑三の弟子たち

内村鑑三というと近代日本のキリスト教の知的指導者であり、その弟子には近代日本の文化や政治に大きな足跡を残した人が多い。第一高等中学校の教員を辞職し、野の人となった内村が、それ故にこそ偉大な教育者となったのは興味深い事実だ。そのような内村の指導力は、内村が社会的リーダーとして世に尽くそうとする姿勢と、信仰者の導き手たらんとする姿勢をあわせもったことによる。また、内村は度重なる挫折を経て、マージナルな知識人となることによって、かえって多くのエリート候補の若者に強い影響を及ぼした。彼が帝大等の教師になっていれば、このようなことはなかっただろう。

若い頃、内村に強い精神的影響を受け、後に著名人となった人々は数多い（鈴木範久『内村鑑三をめぐる作家たち』、同『内村鑑三』、加藤節『南原繁――近代日本と知識人』）。文部大臣になった天野貞祐、田中耕太郎、森戸辰男、前田多門、東大総長になった南原繁、矢内原忠雄。宮内庁長官になった田島道治、国連大使になった沢田廉三、国会議員になった鶴見祐輔、東京府知事になった川西実三等々。また、作家では国木田独歩、正宗白鳥、小山内薫、有島武郎、志賀直哉等々。学界では、南原繁（政治学）、田中耕太郎（法学）、矢内原忠雄（経済学）。この他、関根正雄他の聖書学者や無教会派の指導者たちが多数いる。

最近の例では、ＳＥＡＬＤｓ（自由と民主主義のための学生緊急行動）のリーダーとなった奥田愛基（あき）。奥田氏は島根県江津市にあるキリスト教愛真高等学校の出身である。この全寮制の高校は、一九八五年、内村鑑三の弟子である高橋三郎が、「豊かな知性と確固たる良心を合わせ備えた責任の主体たる独立人を養成する」ことを教育目標として設立を提唱し、八八年に開校されたものだ。無教会派と自覚するキリスト教信奉者は減少しているが、その精神性の影響が今も一定の力を及ぼしていることの一例と見てよいだろう。

文学者としての内村鑑三

内村鑑三がこのように広い範囲の人々に、また現代にまで続く大きな影響力を及ぼしたのはなぜだろうか。内村は行動的な側面と内面的な側面をあわせもち、その両側面をつなぐ言葉を早くからもっていた。初期の内村鑑三の書いたもののなかには、（１）キリスト教の教えにそって、信仰を深める手助けとして書かれたもの（『求安録』『貞操美談　路得記』『伝道之精神』など）と、（２）非キリスト教徒を強く意識し、一般社会人の心を動かすようなもの（『基督信徒のなぐさめ』『地人論』『後世への最大遺物』など、英文では、『余はいかにしてキリスト信徒となりしか』『代表的日本人』）がある。一般社会人向けといっても、『万朝報』『東京独立雑誌』などに掲載されたような政治・社会評論的な著述もあれば、人の生き方に関わるもの。実存的な主題と言ってよいものもある。

この後者の著述は独自の地位をもつ「文学的」著述と言えるものだ。そしてこれらの著述の中には、現代の一般読者にも訴える力をもつものがあると思われる。内村は社会を変革していこうとする行動的な側面ももっていた。と同時に、文学者的な気質もあり、文学を通して宗教性を深めるという姿勢ももっていた。「宗教と文学」は内村にとって親しみある論題だった。内村はロマン主義者のトーマス・カーライル（一七九五－一八八一）に共鳴していたが、カーライルもまた社会批評家であり、かつ文学者だったことが思い起こされる。社会的リーダーとして世に尽くそうとする姿勢と、信仰者の導き手たらんとする姿勢をもつ宗教指導者の姿勢をあわせもっていたのだ。

この章で注目するのは、内村の文学者的な側面だ。初期の内村が自らの実存的な主題をあらわにしながら、読者に語りかけた文学的な著述には、独自の力がある。現代の読者が読んでも、自然に共鳴することができるような力があると思うのだが、それはなぜなのかを考えていきたい。

主に取り上げるのは、『基督信徒のなぐさめ』（一八九三年）と『後世への最大遺物』（一八九七年）である。『基督信徒のなぐさめ』の第一章「愛するものの失せし時」は、近代におけるグリーフワークの文学の嚆矢（こうし）とも言えるかもしれない。そこでは、キリスト教の枠を超えるような、しかし、深いスピリチュアリティが表現されている。そこで内村は、困難な状況を生き延びるなかで自らを支えてくれた妻の死について切々と自らの悲嘆を綴っている。「余は懐疑の悪鬼に襲われ、信仰の立つべき土台を失い、これを地に求めて得ず、これを空に探て当らず、無限の空間余の身も心も置くべき処なきに至れり」（以下、『基督信徒のなぐさめ』は岩波文庫による。一六頁）と述べ、キリスト教信仰の根底を揺さぶられるような経験であったことが露わにされている。

このような実存的な文学表現は、外向きの明るい語り口で、『後世への最大遺物』に引き継がれる。そこで示されているスピリチュアリティは、特定宗教を超え、そうであるが故にこそ、多くの人びとを宗教的な思考へと誘うような力をもっていた。また、『基督信徒のなぐさめ』の第三章「基督教会に捨てられし時」には、人間の多様な考え方や世界観・価値観を踏まえて、集団として信仰をともにするという従来の宗教のあり方を超えていこうとする考え方も見える。宗教の枠を超える考え方という点でも、『基督信徒のなぐさめ』と『後世への最大遺物』との間に相通じるものがあるようだ。

『基督信徒のなぐさめ』と悲嘆の文学

『基督信徒のなぐさめ』は、第一章「愛するものの失せし時」、第二章「国人に捨てられし時」、第三章「基督教会に捨てられし時」、第四章「事業に失敗せし時」、第五章「貧に迫りし時」、第六章「不治の病に罹りし時」の六章からなっているが、このうち第一章はグリーフワークをそのまま題に掲げた章とも言えるだろう。本文では「彼を失った」と書かれているのだが、これは一八九一年に亡くなった二番目の妻、加寿子を指している。そのことは、一九一〇年に刊行された増訂第一〇版の中扉に以下のように記されていることによって確認できる。

> 明治二十四年四月十九日所謂『第一高等中学校不敬事件』の後に、余のために其生命を捨し余の先愛内村加寿子に謹んで此著を献ず、願くは彼女の霊天に在りて主と偕に安かれ。　鑑三
>
> （『内村鑑三全集』2、七三頁）

加寿子が死亡したのは、内村が三〇歳のときで、『基督信徒のなぐさめ』刊行の二年前である。この若さで強く「なぐさめ」を求めざるをえない経験を重ねてきた内村だったが、そのなかでも加寿子の死による悲嘆は大きかった。それは、内村が「御名御璽」、すなわち神聖な天皇の署名のある「教育勅語」に向かって深く礼拝しなかったのをとがめられ、辞職の止むなきに至る出来事のさなかであった。

第一高等中学校で天皇から賜った教育勅語の奉読式が行われたのは一八九一（明治二四）年一月九日である。一部の学生や教員がそれをとがめ、メディアが騒いで退職に追い込まれていく。支えてくれる同僚もいたが、攻撃は激しかった。二月中に依願解職となるが、その間に内村はインフルエンザに苦しみ、加寿子の献身的な介護もあって快癒することができた。ところが、退職してしばらく後に加寿子自身が病み、あっけなく世を去ることとなった。

二年後に刊行された『基督信徒のなぐさめ』の「自序」には以下のように述べられている。「信仰と人情とにおける兄弟姉妹にして、記者とともに心霊の奥殿において霊なる神と交わり、悲哀に沈む人霊と同情推察の交換をなさんとするものは、この書より多少の利益を得ることならんと信

ず」。そして、また「この書は著者の自伝にあらず、著者は苦しめる基督信徒を代表し、身を不幸の極点に置き、基督教の原理を以て自ら慰さめんことを勉めたるなり」とも述べられている（五頁）。「自伝」ではないとしながら、個人的な悲嘆のトーンが基調となった書である。加寿子との死別による悲嘆が、内村の信仰にとっていかに大きな意義をもったかは、およそ半年後に刊行された『求安録』の冒頭が「悲嘆」であることからも察せられるだろう。

愛するものの失せし時

第一章「愛するものの失せし時」は次のように書き始められている。

我は死については生理学より学べり、これを詩人の哀歌に読めり、これを伝記者の記録に見たり、時には死体を動物学実検室に解剖し、生死の理由を研究せり、時には死と死後の有様について高壇より公衆に向て余の思想を演べたり、人の死するを聞くや、或は聖経の章句を引用し、或は英雄の死に際する時の状を語て、死者を悲む者を慰めんとし、もし余の言に依て気力を回復せざるもののある時は余は心窃かにその人の信仰薄きを歎じ理解の鈍きを責たり、余は知れり死は生を有するものの避くべからざることにして、生物界連続の必要なるを、かつ思えらく古昔の英雄或は勇み或は感謝しつつ世を去れり、余も何ぞ均しく為し能わざらんやと、ことに宗教の助あり、復活の望あり、もし余の愛するものの死する時には余はその枕辺に立ち、讃美の歌を唱え、聖書を朗読し、かつて彼をしてその父母の安否を問わんがため一時郷里に帰省せしむる時讃美と祈祷とを以て彼の旅出を送りし時、暫時の離別も苦しけれどもまた遭う時の悦を楽み、涙を隠し愁懼を包み、潔よく彼の門出を送りしごとく彼の遠逝を送らんのみと。（一五頁）

死に対する自分なりの理解はもっていたつもりだった。とりわけ信仰者として死に対する心の備えはあるつもりだった。しかし、死の「寒冷なる手」が愛する者の身にかかり、連夜の熱血を注いだ祈祷も、自らの命を捨てても救いたいというまごころ（誠心）も省みられることはなかった。死が「無慙にも無慈悲にも余の生命より貴きものを余の手よりモギ取り去りし時」、はじめて死の「深さ、痛さ、悲さ、苦さ」を察することができたという。

生命は愛なれば愛するものの失せしは余自身の失せしなり、この完全最美なる造化、その幾回となく余の心をして絶大無限の思想界に逍遥せしめし千万の不滅燈を以て照されたる蒼穹も（中略）その菊花香しき頃巍々として千秋に聳え常に余に愛国の情を喚起せし芙蓉の山も、余が愛するものの失せてより、星は光を失て夜暗く、鶯は哀歌を弾じて心を傷ましむ、富嶽も今は余のものならで、かつて異郷に在りし時、モナドナック（島薗注：ニューハンプシャー州のMonadnock）の倒扇形を見、コトパキシ（島薗注：エクアドルのCotopaxi山）の高きを望みし時、わが故郷ならざりしがゆえにその美と厳とは反て孤独悲哀の情を喚起せしごとく、この世は今は異郷と変じ、余はなお今世の人なれどもすでにこの世に属せざるものとなれり。（一六頁）

光を待しに黒暗きたれり

「絶大無限の思想界」というのはプラトンの「イデア」を思わせる表現、「芙蓉の山」は千島列島の松輪島にあり松輪富士ともよばれる美しい山を指すのだろうか。富士山そのものを指すのだろうか。大自然の美に神の栄光を見、その懐にあるとの実感が信仰の支えでもあった内村だが、その世界が疎遠なものになってしまった。今や孤独な異邦人のごとく悲哀に沈んでいるという。そして、信仰そのものが揺らぐことともなった。

愛せしものの死せしより来る苦痛はわずかにこの世を失ないしに止まらざりしなり、この世は何時か去るべきものなれば今これを失うも三十年の後に失うも大差なかるべし、しかれども余の誠心の貫かざるより、余の満腔の願として溢出せし祈祷の聴かれざるより（人間の眼より評すれば）余は懐疑の悪鬼に襲われ、信仰の立つべき土台を失い、これを地に求めて得ず、これを空に探て当らず、無限の空間余の身も心も置くべき処なきに至れり。これぞ真実の無限地獄（ママ）にして永遠の刑罰とはこのことをいうならんと思えり、余は基督教を信ぜしを悔いたり、もし余に愛なる神ちょう思想なかりせばこの苦痛はなかりしものを、余は人間と生れしを歎ぜり、もし愛情ちょうものの余に存せざりしならば余にこの落胆なかりしものを、ああ如何にしてこの傷を愈すを得んや。（一六－一七頁）

虚無にさらされ、キリスト教の信仰をもったことを悔い、自らの存在を呪いさえした。ここで旧約聖書の「ヨブ記」を思い起こすのは奇異ではないだろう。鈴木範久によれば、内村を「日本のヨブ」と評する人がおり、内村自身、「日本のヨブの心」にふれたことがある（「解説」内村鑑三『ヨブ記講演』岩波文庫）。すでに札幌農学校時代に母の死に目に会えなかった新渡戸稲造への手紙で「ヨブの忍耐」にふれていた。また、渡米中の日記に「ヨブ記を読んだ。大いに慰められた」との記述がある。そして、一八九一年八月のアメリカの友人への手紙には、「何度も何度もヨブ記を読んでいる」と書かれてもいた（同、二〇二－二〇三頁）。当時の日本語訳では「ヨブ記」三〇章に「光明を待しに黒暗きたれり」、「われ汝にむかひて呼はるに汝答へたまはず、我立ちをるに汝只われをながめ居たまふ」とある。その感慨を自ら自身の思いと重ね合わせたことだろう。

死を超えるいのちの恵み

だが、疑いを超える何かは、かすかな声のようにして訪れ、感知されるようになってきた。それは死を超えるいのちの恵みのようなものだった。

時に声あり胸中に聞ゆ、細くしてほとんど区別し難し、なおよく聞かんと欲して心を沈むればその声なし、しかれども悪霊懐疑と失望とを以て余を挫かんとする時その声また聞ゆ、いわく「生は死より強し、生は無生の土と空気とを変じアマゾンの森となすがごとく、生は無霊の動物体を取り汝の愛せし真実と貞操の現象となせしごとく、生は人より天使を造るものなり、汝の信仰と学術とはいまだここに達せざるか、この地球がいまだ他の惑星とともに星雲として存せし時、または凝結少しく度を進め一つの溶解球たりし時、これぞ億万年ののちシャロンの薔薇を生じレバノンの常盤樹を繁茂せしむる神の楽園とならんとは誰か量り知るを得しや。最始の博物学者は蛞蝓の変じて蛹と成りしときは生虫の死せしと思いしならん、他日美翼を翻えし日光に逍遥する蛾はかつて地上に匍匐せし見悪くかりしものなりとは信ずることの難かりしならん。(『基督信徒のなぐさめ』一七－一八頁)

ここでは、内村が感知した死を超えるいのちの恵みが、地球の歴史のなかで生命体が育まれていく過程になぞらえられたり、けむしが蛹となりさらに蛾と変ずる過程になぞらえられたりしている。これは大自然の生命力に神を見いだす自然神学的な発想と言えるだろう。ここでは、イエス・キリストの十字架の受難は大きな役割を果たしていないようにも見える。「神もし神なれば何故に余の祈祷を聴かざりしや、神は自然の法則に勝つ能わざるか、或は祈祷は無益なるものなるか」という疑いに、「細き声」がこうもささやいたという。「自然の法則とは神の意なり。雷は彼の声にして嵐は彼の口笛なり、然り、死もまた彼の天使にして彼が彼の愛するものを彼の膝下に呼ばんとする時遣し賜う救使なり」と(一九－二〇頁)。

祈りに応える神ではなくて

だが、それならそもそも祈祷は必要がないものなのか。

これ難問なり、余は余の愛するものの失せしより数月間祈祷を廃したり、祈祷なしには箸を取らじ、祈祷なしには枕に就かじと堅く誓いし余さえも今は神なき人となり、恨を以て膳に向い、涙を以て寝所に就き、祈らぬ人となるに至れり。／ああ神よ恕し賜え、爾は爾の子供を傷けたり、彼は痛のゆえに爾に近づくこと能わざりしなり、爾は彼が祈らざる故に彼を捨てざりしなり、否な、彼が祈りし時に勝りて爾は彼を恵みたり……。（二一〇頁）

どんな時にも神は見捨てていたのではなかった。神を見失った時こそ、神は迷える人を深く気遣っていた。それは病気の子どもを看護する慈母のようなものだ。だからこそ、自分は神のもとへ帰ることができたのだ。

ああ感謝す、ああ感謝す爾は余のこの大試錬に堪ゆべきを知りたればこそ余の願を聴賜わざりしなり、余の熱心の足らざるが故にあらずして反て余の熱心（爾の恵によりて得ば）の足るがゆえにこの苦痛ありしなり、ああ余は幸福なるものならずや。（二一二頁）

こう納得したようでも、なお疑問は晴れない。「しかれども余に一事忍ぶべからざるあり、彼何故に不幸にして短命なりしや」（二一三頁）。加寿子のように、生涯心痛のない日を過ごすことなく、「純白なる心霊」をもち、自己を忘れて愛する者のために尽くした人間が、なぜ厳しい苦痛のなかに一生を終えなくてはならなかったのか。答えは二つしかない。神が存在しないという答えが一つ。だが、この宇宙の美しい姿を見よ。神が存在しないということはありえないではないか。この世のすべてのものを捨てる気持ちになって、初めてその価値を真に捉えることができるのだ。

この世は試錬の場所なり、我ら意志の深底より世と世の総を捨去てのち始めて我らの心霊も独立し世も我らのものとなるなり、死て活き、捨て得る、基督教の「パラドックス」（逆説）とはこの事をいうなり、余の愛するものは生涯の目的を達せしものなり、彼の宇宙は小なりし、されどもその小宇宙は彼を霊化し、彼を最大宇宙に導くの階段となれり、然り神はこの地を神を敬するもののために造りたまえり。(一二五頁)

『基督信徒のなぐさめ』では、この世での愛や、良き事(「事業」)をなそうとする大志(情熱、善意志、野心)と、それらが挫折し、苦悩し、孤独に苦しむ状態とが対比され、深い悲嘆や絶望が描かれるとともに、そこでもなお信仰が力になることが描かれている。しかし、第一章「愛するものの失せし時」では、信仰を失うような事態に対してその悲嘆・絶望を超えるものは、「死にまさる生の力」としても説かれている。神と信仰の力という説明を超えている。愛と大志が再肯定されていくのだが、それは信仰をもたない者にも共感をもって受け止めることができるような表現を得ている。

内村は「逆説」という語をもち出しているが、彼が次々とあげている疑念に対して、合理的にそれを打ち消すに足りる説明があったのか。そうではないようにも思える。だが、だからといって内村の信仰を語る言葉が真実ではないというわけではない。

後の『聖書之研究』の広告を見ると、内村の著書のなかでは『基督信徒のなぐさめ』がもっとも人気が高く、一九二三年までに二〇版を数えたという(J・F・ハウズ『近代日本の預言者――内村鑑三、一八六一―一九三〇年』二〇九頁)。必ずしもわかりやすい同時代の日本語で書かれたわけではないこの書だが、信仰とともに深い悲嘆と絶望を語り、キリスト教の枠を超えるような「悲嘆の文学」としての内容をもったからこそ、多くの読者を惹きつけたのではないだろうか。

『基督信徒のなぐさめ』と個人の自由

『基督信徒のなぐさめ』において、現代的な視点からもう一つ注目してよいと思う特徴がある。そそれは、第三章「基督教会に捨てられし時」に顕著に見られるもので、内村が切り開いた独自の思想地平と言ってよいように思われる。その思想地平が切り開かれたのは、「基督教会に捨てられ」たから、あるいは内村自身がそう強く実感したからだった。では、それはどのような事態だったのか。この章で内村自身は、以下のように述べている。

ああ余は大悪人にあらずや、余は人も我も博識と見認めたる神学者に異端論者と定められたり、余は実に異端論者にあらざるか、余に先ずる十数年以前より基督教を信じしかも欧米大家の信用を有し全教会の頭梁として仰がるる某高徳家は余を無神論者なりといえり、余は実に無神論者にあらざるか、名を宗教社会に轟かし、印度に支那に日本に福音を伝うること十数年、しかも博士の号二三を有する老練なる某宣教師は余はユニテリアンなりといえり、余は実に救主の贖罪を信ぜず自己の善行にのみ頼むユニテリアンならざるか、伝道医師として有力なる某教師は余を狂人なりとの診断を下せり、余は実に知覚を失いしものなるや、教会全体は危険物として余を遠けたり。（四一頁）

日本のキリスト教会の有力者や世界各国に名を知られた宣教師らによる内村への批判が次々に発

せられた。内村に対して、「異端論者」「無心論者」「ユニテリアン」「狂人」などのレッテルを貼られた。これはアメリカから帰国して以後の内村が、各地で教会関係者との軋轢に苦しんだことを指すものだろう。内村はそれが信仰の危機の大きな要因となったと述べている。

この時にあたって余の信仰は実に風前の燈火のごとくなりし、余は信仰堕落の最終点に達せんとせり、憤怨は余をして信仰上の自殺を行わしめんとせり、余の同情は今は無神論者の上にありき、ジョン、スチワート、ミルの死を聞て神に感謝せし某監督の無情を怒れり、トーマス、ペーンの臨終の状態を摘要して意気揚々たる神学者の粗暴を歎ぜり、ああ幾干の無神論者は基督教信徒自身の製造に罹るや（中略）人を神より遠からしめ神の教会を攻撃せしむるものは必しも悪鬼とその子供にあらざるなり。（四二頁）

だが、神は聖書を通して、内村がこの危機から脱することを可能にしたという。「衆人の誹毀に対し自己の尊厳と独立とを維持せしむるにおいて無比の力を有するものは聖書なり、聖書は孤独者の楯、弱者の城壁、誤解人物の休所なり」（四三頁）。聖書によってのみ、「法王にも大監督にも神学博士にも牧師にも宣教師にも」抗することができるのだ（同前）。「監督」とはカトリックや聖公会の高位聖職者であるビショップを指す。ここには「聖書こそが神と向き合う唯一の根拠」という、プロテスタント的なキリスト教の基本的な心情が表出されている。

地上的な権威と「心霊の自由」

そして、それはまた「個の自立」を強く求め、地上的な権威に依拠しないという倫理的個人主義の立場と深く関わっている。内村はキリスト教こそが自立を可能にするという信念をもっていた。そしてそれこそが、自分がキリスト教を信仰する理由だとすら述べている。

> 余は基督教の必要なる基本として左の大個条を信ぜり、
>
> 　主たる爾の神を拝し惟之(ただこれ)にのみ事(つか)うべし
>
> 　（出埃及(エジプト)二十章三、四、五、申命記十章二十、馬太(マタイ)伝四章十）
>
> しかして神と真理とを知る惟一の途(みち)としては使徒保羅(パウロ)の語にしてルーテルが彼(か)の信仰の城壁と頼み「プロテスタント」教の基石となりし左の題字を以てせり、
>
> 　兄弟よ我なんじらに示す我がかつて爾らに伝えし所の福音は人より出づるにあらず、蓋(けだ)しわれ(ママ)之を人より受けずまた教えられず、惟(ただ)イエス、キリストの黙示によりて受(うけ)たればなり
>
> 　（加拉太(ガラテヤ)書第一章十一、十二）
>
> これらの確信が余の心中に定まりたればこそ余は意を決して余の祖先伝来の習慣と宗教とを脱し新宗教に入(い)りしなり、余は心霊の自由を得んがために基督教に帰依(きえ)せり、僧侶神官を捨てしは他種の僧侶輩に束縛せられんがためにあらざりしなり。（三九頁）

「心霊の自由」という語は特徴的である。神のみを拝することによって、「祖先伝来の習慣と宗教」のような既存の権威から自由になることができた。もし、キリスト教会の権威者に従うのであ

れば、本来求めていたはずの「心霊の自由」を失ってしまうことになるだろう。キリスト教会の権威を振りかざす者は、悪魔のようなものだとも述べている。

悪魔よ汝の説教を休めよ、もし余にして善悪を区別し、之を撰び彼を捨つるの力を有せざれば、余は他人の奴隷となるべきものなり、心霊の貴重なるはその自立の性にあり、我最と小きものといえどもいやしくも全能者と直接の交通を為し得べきものなり、神は法王監督牧師神学者輩の手を経ずして直接に余を教え賜うなり。

ああ真理なる神よ、願くは余をして永久の愛において爾と一ならしめよ、余は時々多くの事物に関して読みかつ聞くに倦めり、余の欲する処望む処はことごとく爾において存するなり、総ての博士たちをして黙せしめよ、万物は爾の前に静かならしめよ、しかして爾のみ余に語れよ。

――トマス、アー、ケムピス（四五－四六頁）

真理とは何かにおいて寛容であるべきこと

これは唯我独尊を決め込んで、他者の言葉に耳を傾けないということを意味するものではない。

「他人の忠告決して軽ずべきものにあらず、人は自身の面を見る能わざるがごとく社会における己の位置をも能く見ること能わざるべし、一切万事わが意を押通さんとするは傲慢頑愚の徴にして我らのよろしく注意すべきことなり」（四六頁）。自分は日本人であるから、日本のことについては自分が確かな観念をもっているが、もし自分の知らない世界に入ったら、そこの学識者の知を尊重すべきだ。だが、だからといって自らの意見を頼りにならないものとするのは「弱志病意の徴候」と言わなくてはならない。

余はアイヌ人の国に到れば余のアイヌ人に勝る学識を有するの故を以てアイヌ人に関するアイヌ人の思想を軽ぜざるなり（中略）余の国と国人とに関して余が外国人の説をことごとく容れざるは必しも余の傲慢なるが故にあらざるなり（中略）また余の一身の所分についても余は余自身の事に関しては最大最良なる専門学者なり、神の霊ならでは神のことを知るものなし、余の霊のみ余のことを知るなり、余の神に対する信仰また然り、余に最も近くかつ余の最も知り易きものは神なり。（四七－四八頁）

このように論じて、内村は思想において、あるいは真理とは何かにおいて寛容であるべきことを説く。真理が何であるかは神こそが知るものであって、人間の知の力の限界を自覚すべきだ。そしてそうであれば、思想について他者を裁いたり抑圧したりすることはすべきでない。

人間の力なきことと真理の無限無窮なることとを知る人は思想のために他人を迫害せざるなり、全能の神のみ真理の全体を会得し得るものなり、他人を議する人は自己を神と同視するものにして傲慢ちょう悪霊の擒となりしものなり……。（五二頁）

「教会に捨てられた者」の知る自由

そして、そうであるとすれば、それを実行に移さなくてはならない。自分は思想的立場が異なるからといって、他者を異端とか悪人とか決めつけて批判することはしない。この寛容こそがキリスト教の美徳であるはずだ。

己れ人に施されんとすることをまた人にもそのごとく施よ、余は無神論者にあらざれど余は無神論者視せられたり、余はユニテリアンならざるにユニテリアンとして遠ざけられたり、余を迫害せしものは余の境遇と教育と遺伝とを知らざるが故に余の思想を解する能わずして、余が彼らと同説を維持せざるが故に余を異端となし悪人となせり、余は今よりのち余と説を異にする人を見るに然せざるべし、欧米人が日本人の思想をことごとく解し能わざるがごとく日本人も欧米人の思想を全く解すること難かるべし、然り寛容は基督教の美徳なり、寛容ならざるものは基督教徒にあらざるなり。(五二―五三頁)

だから、こうして教会に捨てられた者の立場に立ち、その立場を弁論するからといって、もっぱら自分を捨てた教会や権威者を非とするものではない。教会の功績を認め、彼らのために祈りたい。それこそが真正の「リベラル」(寛大)であるはずだ。

されどもああ神よ、余は直は全く余に存して曲はことごとく余を捨てし教会にありとは断じて信ぜざるなり、余に欠点の多きは爾のしろしめすごとくにして余の言行の不完全なるは余の充分爾の前に白状する所なり、ゆえに余は余を捨てし教会を恨まざるなり、その内に仁人君子の存するありてその爾のために尽せし功績は決して少々ならざることは余の充分に識認する所なり、その内に偽善圧制卑陋の多少横行するにもせよ、これ爾の御名を奉ずる教会なれば我何ぞこれを敵視するを得んや、余の心余の祈祷は常にその上にあるなり、余は世に「リベラル」（寛大）なりと称する人が自己のごとく「リベラル」ならざる人を目して迷信と呼び狭隘と称して批難するを見たり、願くは神よ余に真正の「リベラル」なる心を与えて余を放逐せし教会をも寛宥するを得せしめよ。（五四－五五頁）

このように教会が陥りがちな弱さを自覚し、しかしそれを赦す。そしてそれにかわって新たな教会を作ろうというのではない。礼拝堂は尊重し、ときに礼拝にも加わるが、その運営には参画しない。そうした信仰のあり方を「無教会」という言葉で述べている。

余は無教会となりたり、人の手にて造られし教会今は余は有するなし、余を慰むる讃美の声なし、余のために祝福を祈る牧師なし、さらば余は神を拝し神に近くための礼拝堂を有せざるか。（中略）／しかれども余も社交的の人間として時には人為の礼拝堂に集い衆とともに神を讃めともに祈るの快を欲せざるにあらず、教会の危険物たる余は起て余の感情を述べ他を勧むるの特権なければ、余は窃かに坐を会堂の一隅燈光暗き処に占め、心に衆とともに歌い、心に衆とともに祈らん……。（五五－五六頁）

ここでは、宗教組織に距離をとりながら、信仰を保ち続けようとする考え方が示されている。個人の自由を尊び、寛容・寛大（リベラル）であろうとするとき、「無教会」という立場がありうるのではないか。そのことが直観的な形で述べられている。

このように『基督信徒のなぐさめ』の第三章「基督教会に捨てられし時」においては、伝統的な宗教的信仰を超えるような自由・自律と両立するキリスト教信仰のあり方が示唆されている。そして、多様な立場を認め合う寛容の意義が強く押し出されている。とはいえ、聖書の規範性、イエスの贖罪の信仰が強く信じられているのだから、現代的な「超宗教」の主張とは一線を画する。むしろ、多様な宗教的立場の共存の論理を求める宗教多元主義の立場に近いだろう。一八九三年の著述であるが、二〇世紀後半以降の宗教思想を先取りする内容が含まれているのではないだろうか。

『後世への最大遺物』のスピリチュアリティ

ここまで見てきたように、初期の内村には、キリスト教の信仰を強く打ち出しながら、特定宗教を超えるようなスピリチュアリティの表現が顕著に見られた。『基督信徒のなぐさめ』とともに、そのような性格を強く宿した書物として『後世への最大遺物』(一八九七年)をあげることができる。以下、一九四六年初刊の岩波文庫のテクストにそって述べていく。

解説者の鈴木俊郎が述べているように、『後世への最大遺物』は一八九四年七月に箱根で行われた第六回夏期学校での講演の記録である。『基督信徒のなぐさめ』の刊行から一年半の後のことである。夏期学校というのは関東と関西で交互に行われていた全国のキリスト教徒の修養会で、内村は第五回、六回、八回、一〇回に招かれ講演を行った。この第六回には、内村の他、大島正健、元良勇次郎、植村正久、松村介石らが演者として招かれている。

初版本には「内村鑑三口演」とあり、今ならさしずめ「講演筆記」だ。本文には時々「(笑声起る)」「(大笑)」などと挿入されている。聴衆の心をつかむ内村の人柄と才能(というよりも「カリスマ」というべきか)が忍ばれる、臨場感あふれるテクストだ。

この講演で、まず内村は、キリスト教に接することによって「厭世的の考」が生じるようになったという。現世的な欲望を満たしたり、名声を求めることに意義はない、それは異教的な考えだと悟るようになった。そうした「肉欲的」なものを根こそぎ取り去って、キリストによって天国に救われて未来永遠の喜びを得よう。このような考えに傾いていった。「この世の中に事業をしよう、この世の中に一つ旗を挙げよう、この世の中に立って男らしい生涯を送ろう、という念がなくなってしまいました」「坊主臭い因循的の考えになって来ました」(一四頁)

しかし、考え直してみれば「千載青史に列するを得んという考えは、私はそんなに悪い考えではない、ないばかりでなくそれは本当の意味にとってみまするならば、キリスト教信者が持ってもよい考え(中略)持つべき考えではないか」と考えるようになったという(一六頁)。

宗教を前提としても、来世を見すえるのではなくこの世で魂を磨いて、自らを高めていく必要がある。また、宗教を離れても、人として「清い欲」というものがあるはずだ。「この美しい国、この楽しい社会、このわれわれを育ててくれた山、河、これらに私が何も遺さずには死んでしまいたくない、との希望が起ってくる」「私はここに一つの何かを遺して往きたい」「かならずしも後世の人が私を褒めたってくれいというのではない、私の名誉を遺したいというのではない、ただ私がドレほどこの地球を愛し、ドレだけこの世界を愛し、ドレだけ私の同胞を思ったかという記念物をこ

の世に置いて往きたいのである、すなわち英語でいうMemento（メメント）を残したいのである」（一六一一七頁）

勇ましい高尚なる生涯

これは死を思うとき、多くの人の心に兆す思いかもしれない。本書は時代を超えて人々の心に訴えるものをもつのではないかと私は思うのだが、それは今引いたような一節にもよく表れている。人は後世に何を遺していこうとするのか。「金」、「事業」、「思想」――それぞれ意義あることだろう。だが、誰にでもできることではない。「しかれども私はそれよりモット大きい、今度は前の三つと違いまして誰にも遺すことのできる最大遺物があると思う」（五三頁）。ではその「最大遺物」とは何か。それは「勇ましい高尚なる生涯であると思います」と内村は言う。

しかして高尚なる勇ましい生涯とは何であるかというと（中略）すなわちこの世の中はこれはけっして悪魔が支配する世の中にあらずして、神が支配する世の中であるということを信ずることである。失望の世の中にあらずして、希望の世の中であることを信ずることである、この世の中は悲嘆の世の中でなくして、歓喜の世の中であるという考えをわれわれの生涯に実行して、その生涯を世の中への贈物としてこの世を去るということであります。（五四頁）

具体的な例がいくつかあげられているが、わかりやすい例をあげよう。イギリスの著述家、トーマス・カーライル（一七九五－一八八一）の逸話だ。カーライルはライフワークとして『フランス革命史』という大著を数十年かかって著していた。ところが、ある日、友達が借りて読んでいた原稿全体を無造作にテーブルに置いておいたところ、メイドが知らずに暖炉にくべて燃やしてしまった。コピーやファイルにとっておくなどということが考えもできない時代である。数十年の努力すべてがゼロになってしまったに等しかった。カーライルはすっかり気落ちしてしまって一〇日ばかり何もできずボンヤリしていた。そして腹が立ってしかたがなかった。だが、そこで彼は我に返ってある考えにたどりつき、自分自身に言い聞かせた。

「トーマス・カーライルよ、汝は愚人である、汝の書いた『革命史』はソンナに貴いものではない、第一に貴いのは汝がこの艱難(かんなん)に忍んでそうしてふたたび筆を執ってそれを書き直すことである、それが汝の本当にエライところである、実にそのことについて失望するような人間が書いた『革命史』を社会に出しても役に立たぬ、それゆえにモウ一度書き直せ」といって自分で自分を鼓舞して、ふたたび筆を執って書いた。(五八頁)

特定宗教の枠を超えて

これは私たちにも起こりそうなことで、大したことがなさそうだ。だが、それだけになるほどと思うところがないだろうか。

その話はそれだけの話です。しかしわれわれはそのときのカーライルの心中にはいったときには実に推察の情溢るるばかりであります。カーライルのエライことは『革命史』という本のためにではなくして、火にて焼かれたものをふたたび書き直したということである。もしあるいはその本が遺っておらずとも、彼は実に後世への非常の遺物を遺したのであります。（五八頁）

これはキリスト教信仰を背景にして述べていることだが、特定宗教の枠を超え、あるいは宗教を信ずるか信じないかを超えて妥当することと内村は考えている。「後世のために私は弱いものを助けてやった」、「後世のために私はこれだけの艱難に打ち勝ってみた」、「後世のために私はこれだけの情実に勝ってみた」——こういう道を毎日歩むように心懸けてはどうか。そうすれば、生きがいのある人生というものを体得していけるだろう。

われわれの生涯はけっして五十年や六十年の生涯にはあらずして、実に水の辺りに植えたる樹のようなもので、だんだんと芽を萌き枝を生じてゆくものであると思います。けっして竹に木を接ぎ、木に竹を接ぐような少しも成長しない価値のない生涯ではないと思います。こういう生涯を送らんことは実に私の最大希望でございまして、私の心を毎日慰め、かついろいろのことをなすに当って私を励ますことであります。（六八－六九頁）

『後世への最大遺物』には宗教やキリスト教への言及がないわけではないが、さほどの位置を占めてはいない。そして頼山陽や二宮尊徳やジョン・ロックにもかなりのスペースがさかれている。だが、そこには宗教を個々人がどう受け止めていくかということについて、心に残る示唆がある。そして、宗教にコミットメントしていない人々にも、人生において尊いものは何かを教える深い内容がある。

こうした講演を行った内村鑑三だったからこそ、キリスト教徒のサークルを超えて大きな社会的影響を及ぼすことができたのだろう。そして、そこに見られるスピリチュアリティは、現代の読者にとってもさほど難しいものではなく、自分自身の生き方に即して理解できるものなのではないだろうか。

初期の内村鑑三の先駆性

内村は強く宗教的でありながら、信徒でない人びとの心に強く訴える宗教性（スピリチュアリティ）を語った人であった。とくに初期の著作においてそのことが言えるようだ。一つには、挫折、悲嘆の経験からもたらされる孤独なスピリチュアリティを率直な語り口で表現したということである。これは宗教的というよりは文学的な表現といってもよいだろう。

また、第二に歴史上の偉大な人物（「偉人」）について語ることを好んだということがある。カーライルの『英雄崇拝論』に相通じるような言説空間に親しんだと言い換えることもできる。歴史的現実のなかで「事業」をなすことへの強い関心といってもよい。儒教的な素養の上に、ナショナリズムとロマン主義の思想動向が重なっていった結果でもある。

しかし、以上の二つの重なるところで、内村は現世での達成（業績）という価値を超えるような「尊いもの」について語ったという点に特徴がある。それはもちろん、内村のキリスト教信仰によって切り開かれた地平である。だが、それはキリスト教の信仰者というサークルを大きく超えるような射程をもったものだった。将来、政治・学術・文学などの諸領域で指導者となるような多くの若者の心をつかむことができたのはこのためだった。

また、内村は信仰をもつが故の寛容について、明晰に述べた者として先駆的といえるだろう。一八九〇年代前期の内村は、宗教的信仰が陥りがちな独善性や権威主義や排他性について、自らの経験に基づき「自立を求める近代人」の自負とともに語った。組織の人としての宗教者（「教会人」）と異なる自立した宗教者として、同時に信仰故にこそ不完全さを常に自覚するが故の寛大・寛容について、その必然性を示した。マージナルな位置に置かれざるをえなかったための「無教会」だったが、それ故にこそ現代の多元主義状況にもとどくようなメッセージを残すことができたのだった。

悲嘆文学としての先駆性

ここで見てきたような初期の著作に表れた内村鑑三の先駆性は、内村が近代の悲嘆の文学の先駆的表現者であることと関わりがある。『基督信徒のなぐさめ』では、弱い個人としての自己が際立たせられていた。第二章「国人に捨てられし時」、第三章「基督教会に捨てられし時」、第四章「事業に失敗せし時」、第五章「貧に迫りし時」、第六章「不治の病に罹りし時」はそれぞれ、挫折と孤立の経験を主題としている。生きていることの意味が根本から問い直されるような事態が次々と取り上げられている。それはまた、死を身近に感じるような経験でもあるだろう。第一章「愛するものの失せし時」はそれらの挫折の経験のうちでも、もっとも痛切なものとして語られている。

『基督信徒のなぐさめ』を書くことで、内村は生きていることの意味が根本から問い直されるような経験を主題として、自己を語る境地を我がものとした。『基督信徒のなぐさめ』で特徴的なのは、それがキリスト教を信じることによる解決というものを前提としないものだったということだ。生きていることの意味が根本から問い直される経験は、むしろキリスト教の信仰さえも脅かされかねないものとして描かれていた。一八九〇年代以降、長期にわたってこの作品が多くの若者たちに読まれた理由として、信仰をめぐる懐疑、また、特定宗教を超えた求道の語りということがあるだろう。

特定宗教を超えた求道の語りというのは、また『後世への最大遺物』が多くの若者に読まれ続けた理由でもある。内村は自ら、「後世に何かを遺す」ような栄達への道から逸れた人生を歩むのを受け入れざるをえなかった。そこから、「金」、「事業」、「思想」というようなこの世の何かを通じての達成を断念した後に何があるかという問いかけがなされていた。特定宗教の伝道者とか大学教員というような社会的地位をもたずに、いわば裸の個人として人生について説く位置にいたことが、『後世への最大遺物』の語りを一段と力強いものにしている。

孤独な個人として語った内村鑑三

社会からの抑圧を受け、最愛の配偶者を失った孤独な個人として悲嘆を語ること、そして生きていることの意味が問い直されるような経験を通して、確かに見えてくる拠りどころを探り当てるということ、ここに初期の内村の文学的著作の魅力があった。『基督信徒のなぐさめ』の第一章「愛するものの失せし時」は「死別」と「悲嘆」を語ることで、さまざまな挫折の経験を一段と奥深いものにしている。そこにヨブ記の影響があり、信仰と懐疑のせめぎ合いの表出の文学的伝統も関わっていた。一八九三年という時点で、近代文学・近代思想のなかに力強い「悲嘆を物語る文学」が登場するに至ったのは以上のような事情が作用していた。

内村が描き出したのは、地上的野心の喪失や世間的な幸福イメージにそった人生の挫折が、高次の霊的野心や霊的人生の希望へと転換する心の歩みだった。深い悲嘆を描きながら、豊かな希望が引き出されていく。その転換は妻の死による悲嘆を描き出すことによって、一段と奥深いものとなった。そして、その際、聖書の「ヨブ記」に対応するような、信仰と懐疑の重なり合いの精神次元が表出された。求道の道を歩んでいる若者らの心を鷲づかみにするような力がそこから生じてきた。聖書を奥深く読み込み、キリストの教えを自分なりに捉え直すような性格をも帯びるものだった。近代の展開期にふさわしい悲嘆の文学といえるかもしれない。

そこで描かれている悲嘆には若さが反映している。言い換えれば、高いものへの希望があることと喪失の痛みが不可分のものであるような悲嘆ということになろう。高いものへの希望は、キリスト教的な神とイエスへの信仰と不可分である。確かに一人の孤独な民として表現されてはいるが、孤独に神と向き合う孤高な表現者であり、預言者的な威信をも感じさせる。その分、この作品の悲嘆を自分自身のものとして分かち合える人も少なかったことだろう。

近代化が進むにつれ、また内村のような明治のリーダーたちが高齢になっていくにしたがって、描かれる悲嘆の性格も、悲嘆の彼方に展望されるものの性格も変わっていく。近代日本は繰り返し戦争を続ける社会でもあった。新たな悲嘆の捉え方は、そのような社会のあり方に直面せざるをえなくなる世代の経験を反映するものとなるだろう。悲嘆の分かち合いのあり方も、「国民としての連帯」を基盤としたものになってくる。次章では、そのような悲嘆の表現について考えてみたい。

参考文献

内村鑑三「基督信徒の慰」『内村鑑三全集』2、岩波書店、一九八〇年(『基督信徒のなぐさめ』岩波文庫、初版一九三九年、改版一九七六年)
鈴木範久『内村鑑三をめぐる作家たち』玉川大学出版部、一九八〇年
同『内村鑑三』岩波新書、一九八四年
加藤節『南原繁——近代日本と知識人』岩波新書、一九九七年
内村鑑三「後世への最大遺物」『後世への最大遺物・デンマルク国の話』岩波文庫、初版一九四六年、改版一九七六年
同『ヨブ記講演』岩波文庫、二〇一四年
J・F・ハウズ『近代日本の預言者——内村鑑三、一八六一-一九三〇年』(堤稔子訳)教文館、二〇一五年(*Japan's Modern Prophet: Uchimura Kanzô, 1861–1930*, 2006)

トーマス・カーライル『英雄崇拝論』(老田三郎訳) 岩波文庫、一九四九年
島薗進『倫理良書を読む——災後に生き方を見直す28冊』弘文堂、二〇一四年

第6章　悲しみを分かち合う「うた」

悲しい歌をともに歌う

親しい人の死を経験し、葬儀等の儀礼に加わって悲嘆をともにする、子どもがこのような経験をしにくくなっている。第4章でも述べたが、すでに一九六〇年代にイギリスの社会人類学者、ジェフリー・ゴーラーはそのように論じていた。だが、二〇世紀のその頃までは、大人も子どももともに悲しい歌を歌うという機会が多かったのではないか。一九八〇年代頃からそのような経験も後退していったのではないか。悲嘆を分かち合う儀礼が後退し始めた後も、悲しみを分かち合う「うた」はなお力を保持していた、あるいはいるのではないか。

悲しみを分かち合う「うた」ということで私が考えているのは、「唱歌」や「童謡」や「歌謡曲」である。「唱歌」の例は、高野辰之作詞の「故郷」である。二〇一七年は上智大学グリーフケア研究所の名誉所長であり、日本スピリチュアルケア学会の理事長だった日野原重明先生が一〇五歳で亡くなった。私はそのご葬儀と日本スピリチュアルケア学会の追悼の集いに参加したが、どちらでも「故郷」が演奏されたり、歌われたりした。日野原先生ご自身が愛好された歌ということだった。

兎追いしかの山　小鮒釣りしかの川　夢は今もめぐりて　忘れがたき故郷
如何にいます父母　恙（つつが）なしや友がき　雨に風につけても　思い出ずる故郷
志をはたして　いつの日にか帰らん　山は青き故郷　水は清き故郷

この歌は一九一四年に『尋常小学唱歌』に掲載された文部省唱歌である。「唱歌」は明治期以来、国が主導権をもって作り、学校などを通して広めたもので道徳的教訓や知識の記憶に役立てようというものも多い（渡辺裕『歌う国民――唱歌、校歌、うたごえ』）。たとえば、「郵便貯金唱歌」という歌があり、「岩間の水のしたゝりも　つもらば海とたたふべく　浜辺の砂の一つぶも　つもらば山とそびゆべし」と始まるそうだ（六八頁）。

古くなった「故郷」

「故郷」という歌を歌って涙が出るのは、帰りたいけれども帰れない故郷の美しい自然と懐かしい人々を思うからだろう。その自然はもう失われているかもしれない。人々ももう世を去ってこの世にいないかもしれない。自分のいのちを育てた父母や環境、自分のいのちと分かちがたかった大切なものの喪失に思いをいたすから悲しいのだ。だが、その尊い故郷はまだ残っていて帰っていける可能性がある。その希望も伝えている。「喪失のうた」であると同時に「望郷のうた」でもある。

「悲嘆」と「故郷」、「悲嘆」と「望郷」には深い関わりがある。これは「国民」とよばれるような容易に連帯感をもつ公衆が実感されるようになったことと切り離せない。「故郷」では皆が一体になれる。しかし、今は孤独だ。孤独ではあるが「帰って行く場所」がある。それは生命の源であり、死んで帰ってゆくところでもある。このようなイメージを含んだ「故郷」という言葉が人々の心をつかんだ時代があった。そうした背景のもとで、孤独と悲嘆をかこち、「望郷」の思いを歌う。内村鑑三が若かった頃にはまだなく、高度経済成長以後の時代にも保持しにくくなった心情のあり方だ。

「故郷」という歌は私も好きな歌だったが、私が大学生だった一九七〇年頃には、この歌は時代遅れで歌われなくなっていくだろうと感じていた。それはまず、豊かな自然環境が残る故郷があると感じている人が減っていくだろうということがあった。私自身、東京生まれで一〇歳までは東京で暮らしたが、その間に二つの区の三つの場所に住んだ。三つ目の住まいは公団アパートの二階だった。一〇歳から一八歳までは石川県金沢市に住んだ。ここは自然環境が豊かで山や川が近く、蛙はうるさく、ほたるもいたし、農作物にふれたり、川で泳ぐこともあった。「故郷」というと東京より金沢という感じだ。もしずっと東京に住んでいたら、故郷があるとは感じなかったのではないだろうか。

もう一つ、「志をはたして　いつの日にか帰らん」というところが古いと感じた。立身出世して故郷に錦を飾るというようなことが思われ、あまり美しくなく、懐かしくもない印象が残った。ちなみに「仰げば尊し」は一八八四年の唱歌で、今はあまり歌われなくなっている。一九四八年生まれの私は小学校から中学・高校まで、卒業式で歌ったと記憶するが、一九八〇年代以降、歌われなくなっていった。それはとくに二番の歌詞が歌いにくくなったかららしい。

互いにむつみし日ごろの恩　別るる後にもやよ忘るな　身を立て名をあげやよはげめよ　今こそ別れめ　いざさらば

この「身を立て名をあげやよはげめよ」に違和感をもつ人が多かったという。「師の恩」が強調されていることも影響したかもしれないが、社会的上昇がゆるぎない価値とされていることが人心に合わなくなった。教訓的である唱歌の一面が災いしたわけだ。「志をはたして　いつの日にか帰らん」も同様と受け取ることもできる。

復活した（?）「故郷」

ところが、昨今は「故郷」はどうも人気を取り戻したのではないかと感じている。一つには、二〇一一年三月の東日本大震災と福島原発災害後に「故郷」の歌を聞く機会が増えた。津波と原発事故で美しい東北日本の自然が破壊された。津波の被害は自然災害だが、その後に巨大防潮堤ができて景観と生活環境の双方が悪化したと感じた人は多かった。原発事故がもたらした放射能による環境汚染は、多くの避難者・移住者を生み出した。「故郷喪失」が嘆かれ、故郷の自然・人間双方の環境を取り戻すことが願われた。

たとえば、私は脱原発を訴える国会周辺のデモで、「故郷」が歌われるのを耳にした。大都市への人口集中が進むなかで、地域社会の環境が失われていくことに危機感をもっている人が多い。脱原発の訴えは、そうした地域社会の崩壊を憂える声とも重なっていた。一人ひとりにとっての故郷というよりも、人間と生き物のいのちを育む環境としての「故郷」が失われていくことを嘆き、その回復を願うという心情がこの歌に託されるようになったのだ。いのちを生み育む母なる大地という意味合いが「故郷」の言葉に込められるようにもなった。

まったく異なる文脈でも、「故郷」は人気を得ているようだ。上智大学グリーフケア研究所の高木慶子特任所長によると、死が間近な人が枕元で聞きたいと願う曲のなかで、「故郷」は一、二を争うということだ。そういえば、と思って歌詞を見直すと、一番は自らのいのちの源である自然への感謝、二番は親や家族や同郷の人々とのつながりの確認と感謝と読める。そして三番目だが、「志をはたして　いつの日にか帰らん」というのは、自分の一生を振り返り、自分の人生の総体を受け入れて、世を去る心を定めていくという意味で受け止めることができる。そして、高木慶子シスターは「いつの日にか帰らん」というのは、母のふところに帰るということかもしれないし、大いなるもののふところに帰るということかもしれない。いずれにしろ、この歌詞を聞きながら安らぎの場に行くと感じ取ることができるのだという。

富国強兵、文明開化、立身出世などが伴いがちな唱歌だが、「故郷」の歌詞を再解釈することによって、そうしたニュアンスを薄め、現代人にしっくりする意味内容を感じとることもできる。二一世紀に入って、「故郷」にそういう変化が起こっているのかもしれない。第2章で「宗教文化・国民文化の再活用」について述べたが、これもその一例といえるだろう。

赤とんぼと童謡

日本スピリチュアルケア学会の日野原重明先生追悼の集いでは、「赤とんぼ」も演奏された。三木露風作詞、山田耕筰作曲で一九二一年に作られたこの歌は、「唱歌」ではなく、「童謡」のカテゴリーに入るものだ。

夕焼け小焼けの　あかとんぼ　負われて見たのは　いつの日か。
山の畑の　桑の実を　小籠に摘んだは　まぼろしか。
十五で姐(ねえ)やは　嫁に行き　お里のたよりも　絶えはてた。
夕やけ小やけの　赤とんぼ　とまっているよ　竿の先。

これは幼児の頃を思い出し、いのちの揺籃(ゆりかご)ともいうべき、今では遠ざかったその過去の環境を懐かしんでいる歌だ。つらいほど悲しいとか、取り返しがつかない喪失を嘆いているというのではないが、失われた過去への郷愁が基調となっている。

童謡というジャンルは、一九一八年に『赤い鳥』が創刊されて生み出され、一九二〇年代の終わり頃まで次々とヒット曲が生み出された。大正期と昭和初期が主な創作時期である。「上から教える」要素が色濃かった「唱歌」に対して、童謡は子どもたち自身が親しみやすい言葉で、また子どもたち自身がおもしろいと感じるような意味内容が語られていた（周東美材『童謡の近代――メディアの変容と子ども文化』）。唱歌は文語がしばしば混じり、子どもたちには意味がわかりにくい言葉も多いが、童謡では話し言葉に近く、擬態語・擬声語が多様され、言葉あそびも好まれた。葛原しげるの「夕日」（一九二一年）に「ぎんぎんぎらぎら夕日が沈む」とか「まっかっかっか空の雲」とあるのはわかりやすい例だ（金田一春彦『童謡・唱歌の世界』）。

野口雨情と悲しい歌

金田一春彦によると童謡の作詞家でもっとも人気があったのが野口雨情である。『童謡・唱歌の世界』で金田一はこう述べている。

私は愛宕山でＮＨＫの放送が始まった大正十四年（一九二五）から昭和五年（一九三〇）までの子どもの歌を統計にとってみたが、その結果、作詞家としては野口雨情・北原白秋・葛原しげるがビッグ・スリーで、ことに雨情は、中山晋平の曲を得た「雨降りお月さん」「証城寺の狸囃子」が一位・二位を占め、「あの町この町」「木の葉のお船」「鶯の夢」も上位に食いこんでいることから、断然、二位の北原白秋を引き離していた。（講談社文庫版、一八二頁）

その野口の童謡の歌詞には親のない子、みなし子が登場することが多い（一二一頁。野口雨情についてとくに参考になったのは、古茂田信男『七つの子――野口雨情　歌のふるさと』、上田信道編著『名作童謡　野口雨情　１００選』である）。「十五夜お月さん」は以下のような歌詞だ。

十五夜お月さん　ご機嫌さん　婆やは　お暇とりました
十五夜お月さん　妹は　田舎へ　貰られて　ゆきました
十五夜お月さん　母さんに　も一度　わたしは　逢いたいな

「蜀黍畑」は次のようなものだ。雨情の故郷である茨城県北茨城市の磯原の情景を描いたものとされる。

お背戸の　親なし　はね釣瓶　海山　千里に　風が吹く　蜀黍畑も　日が暮れた　鶏　さがしに　往かないか

この歌詞について、雨情は生家での経験に根ざしたものだと述べている。

蜀黍畑はさわ〱と野分が吹いて、日も早や暮れようとしてをるのに、鶏はまだ帰つて来ない、お背戸（島薗注：家の裏口）の井戸端のはね釣瓶よ、お前も親なしの一人ぽつちで、さぞ、さびしいだらう、私と一緒に鶏をさがしに行かないかといふ、気持を歌つたのであります。（『童謡と童心芸術』二二九頁）

故郷から遠くへ去った子ども

あまり知られていない歌だが「兎」の歌詞を見てみよう。

兎はどちらへ　ゆきました　十五夜お月さんに　つれられて　遠い　遠い　お国へ　ゆきました。

お月さんの　お伴をして行ったの　お月さんに　つれられて　行ったのよ
兎は　帰って来ないわね　お月さんの子供になっちゃって　兎は帰って　来ないわね
お月さんのお国で　ぽったんこ　よい〳〵　も一つ　ぽったんこ　お餅ついて　兎は　いるんだよ。

「赤い靴」、「青い眼の人形」、「七つの子」（いずれも一九二一年）など、どれも子どもが母や故郷から離れている情景が浮かんでくるものだ。

死んだ子どもを思う歌と解釈されてきた「シャボン玉」（一九二二年）も、そう思うからか悲しみを歌った歌と感じられるだろう。

シャボン玉　飛んだ　屋根まで飛んだ　屋根まで飛んで　こわれて消えた
シャボン玉　消えた　飛ばずに消えた　生れて　すぐに　こわれて消えた
風　風　吹くな　シャボン玉飛ばそ

この歌詞は、野口雨情が最初の妻との間に生まれた子どもを思い起こして作ったという説もある。童謡の常として、言葉が少なくて何か対応する事実があるのかよくわからない。だからこそ想像をふくらませることができるのだが、雨情には親子の親しみと悲しみを思わせる歌が多いというのは確かである。雨情は江戸時代の俳人、小林一茶に強く惹かれていたようだ。一茶は満二歳で母親を失い、五〇歳で初めて結婚して、次々と四人の子どもが生まれては死んでいった。『おらが春』は長女さとと死別した悲しみを記した俳文作品である。

ロンドンデリーの歌

しかし、日本の「童謡」で野口雨情のように悲しみをよびさます詩人（作詞家）の作品が高い人気を保ってきたのはなぜだろうか。もちろん明るい歌もある。たとえば、百田宗治「どこかで春が」と海野厚「おもちゃのマーチ」はともに一九二三年の作品だ。

どこかで「春」が　生れてる、　どこかで水が　ながれ出す。　どこかで雲雀が　啼いている、どこかで芽の出る　音がする。　山の三月　東風吹いて　どこかで「春」がうまれてる。（「どこかで春が」）

やっとこやっとこ　くりだした　おもちゃのマーチが　らったたった　人形のへいたい　せいぞろい　おうまもわんわも　らったたった　やっとこやっとこ　ひとまわり　キューピもぽっぽもらったたった　フランス人形も　とびだして　ふえふきゃたいこが　ぱんぱらぱん（「おもちゃのマーチ」）

野口雨情の「人買船」（一九二〇年）はだいぶトーンが異なる。

人買船に　買われて　行った　貧棒な　村の　山ほとゝぎす　日和は続け　港は　凪ぎろ　皆さんさよなと　泣き〳〵　言った

悲しみをたたえた歌が好まれるという事態は日本に限ったことではない。アイルランドの都市、ロンドンデリーの名を冠した「ロンドンデリーの歌」のメロディーは日本人でもよく知っている人が少なくないはずだ。この歌がよく歌われるようになったのは、一九世紀の末頃からしい。さまざまな歌詞がついて、男女の愛の歌にもなり、去っていった息子を思う歌にもなった（二木紘三のうた物語『ロンドンデリーの歌』」）。

北国の港の町は　リンゴの花咲く町　したわしの君が面影　胸に抱きさまよいぬ　くれないに燃ゆる愛を　葉かげに秘めて咲ける　けがれなき花こそ君の　かおりゆかしき姿（近藤玲二訳詞）

わが子よ　いとしの汝（なれ）を　父君の形見とし　こころして愛（いつく）しみつ　きょうまで育て上げぬ　古き家を巣立ちして　今はた汝は何処（いずこ）　よわき母の影さえも　雄々しき汝には見えず（津川主一訳詞）

そして、一九一三年にフレデリック・エドワード・ウェザリ（一八四八－一九二九）による「ダニーボーイ」という歌詞がついて、以後、この歌詞でよく歌われるようになった（「二木紘三のうた物語『ダニー・ボーイ』」）。一九一四年には第一次世界大戦が始まっている。

おおダニーボーイ　いとしきわが子よ　いずこに今日は眠る　いくさに疲れた体を　やすめるすべはあるか　おまえに心を痛めて　眠れぬ夜を過ごす　老いたるこの母の胸に　おおダニーボーイ　おおダニーボーイ　帰れ（なかにし礼訳詞）

アリランの歌詞

「ロンドンデリーの歌」にはさまざまな歌詞が付けられてきたようだ。だが、その基調はともに暮らした場を去っていった者への熱い思いだ。喪失の歌であり、去っていった者に共鳴するとすれば望郷の歌とも言うことができるだろう。

喪失と望郷の歌ということで私がよく似ていると感じるのは、韓国・朝鮮の「アリラン」である。現在、広く歌われている歌詞の「アリラン」が爆発的に広まったのは、一九二六年に上映された羅雲奎の映画『アリラン』によるという（宮塚利雄『アリランの誕生——歌に刻まれた朝鮮民族の魂』）。だが、その前から「アリラン」のさまざまなヴァージョンが歌われていて、歌詞は地方ごとに書き写されてもきた。といっても、実際には即興的な歌という要素をもっており、次々と替え歌が作られてきたようだ（草野妙子『アリランの歌——韓国伝統音楽の魅力をさぐる』）。

草野妙子が「京畿道（キョンギド）アリラン」とよぶ京畿道地方のアリランがもっともよく知られているものだ（『アリランの歌』三三一-三三五頁）。

アリラン　アリラン　アラリヨー　アリラン峠を越えて行く　私を捨てて行く君は　十里も行かずに足が痛む（十里は日本の一里）

アリラン　アリラン　アラリヨー　アリラン峠を越えて行く　青天の空（夜空のこと）には星が輝き　悲しみ燃える胸の奥

アリラン　アリラン　アラリヨー　アリラン峠を越えて行く　花が咲き　楽しげに蝶が舞い　小川の水かさが増して谷に渦巻く

アリラン　アリラン　アラリヨー　アリラン峠を越えて行く　行こう　行こう　急いで行こう　白頭山の麓に　夕日が暮れる

アリラン　アリラン　アラリヨー　アリラン峠を越えて行く　豊年が来るんだと　豊年が来るのよ　江山の三千里（祖国のこと）豊年が来るのよ

アリラン　アリラン　アラリヨー　アリラン峠を越えて行く　青い夜空に　雁はどこへ行く　わたしの夫の消息を伝えてよ

「喪失と望郷の歌」と言ってよく、悲しみが基調にある。だが、喜びもある。さまざまな情感を込めて歌うことができる。喜びも悲しみもともに分かち合う歌なのだ。

アリランの歌われ方

では、「アリラン峠」なるものがどこにあるのか。「ここがアリラン峠だ」と称される場所はいくつもあるそうだ。そもそも「アリラン」の意味がよくわからない。歌詞の「越えて行く」までの前半は、もともと意味がない囃し言葉として広まったものとされる。「アリラン」の歌われ方を、草野妙子は以下のように述べている。

この歌は二部分に分けられる。前半はくり返しの句で、一般に大ぜいで歌う。ただ囃し言葉のように歌い、後半の歌詞とは意味のうえで何の脈絡もない。後半の歌詞を引き出すための句である。／これに対し、後半のフレーズ（句）は、一般に独唱する。独唱者は、元来即興的にフレーズに合うように歌詞をつくって歌っていたが、現在では、いくつかのすでにつくられた歌詞があって、それらのなかから即興的に選んで歌う。大ぜいのなかから、順番に独唱するのである。(三五頁)

「十里も行かずに足が痛む」というのがもっともよく歌われる句だ。この句は恋人が去ってしまうのを嘆く歌として理解するとわかりやすい。だが、戦争に行く息子たちを思う母親の心と解することもできる。こう解釈すると、「ダニー・ボーイ」とよく似ている。どちらの意味にもとれるのは「ロンドンデリーの歌」に似ている。「十里も行かずに足が痛む」の句について、草野は「おばさん(アジュモニ)、それはどういう意味でしょう?」とたずねてみて歩いたという。

五十を過ぎた一人の女性の解釈は、こうだった。/「故郷を離れて中国や日本に行ってしまう人は、十里も行かずに足が痛むのよ。ふるさとを離れても、心が……ああ、よくわからない。」ものをはっきりと主張する人びとなのに、めずらしく言葉を濁した。そして、再びすごい迫力で歌い出した。(三八頁)

国民と故郷と悲しみ

「ロンドンデリーの歌」や「アリラン」にはさまざまな内容を盛り込めるのだが、それは同じ仲間と感じ合う多くの人びとの共感が背後にあるからだろう。「さまざまな内容」と述べたが、そこにはまず温かい故郷や親子の情愛あふれる絆の像がある。他方、その絆から離れて去っていった、あるいは旅立っていった人の像がある。その人が帰ってくるのか、長い別離になるのか、永遠の別れになるのか、定かではないが、寂しさがあり、悲しさがある。去っていった者の方に身を置くなら、望郷の念があふれてくる。こうした像や悲しみや哀愁の情緒が大多数の人びとに共有されると感じられていた。

こうしたことが可能だった一つの理由は、アイルランドや韓国・朝鮮が植民地状況にあったからかもしれない。日本の場合、「唱歌」や「童謡」や「歌謡曲」によって、多くの人びとが悲しみや望郷の念を分かち合うことはできたかもしれない。しかし、「ロンドンデリーの歌」や「アリラン」のような歌は思いつかない。かつて私は韓国人の親しい学者仲間とカラオケや宿舎でよくいっしょに歌を歌った。韓国人の主導で「アリラン」を歌った後に日本側主導で「赤とんぼ」を歌ったが、この童謡は寂しさが目立った。「すごい迫力で歌」うような歌ではまったくない。他方、「故郷」を歌うとすれば、「志をはたして」のところなどで、違和感を伴うのも避けがたいだろう。

ここで私は、「故郷」や「赤とんぼ」、あるいは野口雨情の「童謡」が悲しみと望郷の念をどう捉えるかというところから、二〇世紀前半の「国民的」な歌について比較文化的な考察に踏み込んでいる。日本の「国民的な歌」の特徴を考えようとしている。その際、役に立つのが、「故郷」という概念の歴史についての考察だ。成田龍一の『「故郷」という物語――都市空間の歴史学』によると、「故郷」の概念が急速にゆきわたるようになったのは一八八〇年代だという。この時期から、東京にいる同じ「故郷」の出身者が中心となり、ときに地元に留まっている者をも巻き込んで、

「同郷」の人士が寄り集う機運が高まる。そして、九〇年前後に数多くの「同郷会」がいっせいに成立していく。

各地の人びとが他の地域と張り合うかのように同志を募り合い、同郷会の設立という形で全国で同時的に故郷意識、同郷意識が顕揚されていく。この場合の「同郷」の範囲は市や町とその周囲の郡といったほどの広がりだ。メンバーは官吏、教育者、医師、軍人、村長、役場関係者、学生といったエリートや地域指導層が主体であり、もっぱら男がその担い手だった。日本という「国」への強い帰属感を前提に「故郷」の意義が強調されている。

それまでも「ふるさと」の意識はあった。だが、新たな故郷の意識は「国民」の意識と強く結びついている。成田は『伊那郷友会雑誌』の一八九〇年六月に刊行された第四号掲載の「能ク富嶽琵琶ヲ貴重トスルト同時ニ　能ク龍水駒嶽ヲ愛護スル人コソ　吾人ノ代議士ナレ」との言を引いている。「龍水」は天竜川であり、駒ケ岳の麓を流れる天竜川に故郷伊那の自然の懐かしさを代表させているが、それは富士山・琵琶湖に代表される日本の自然の懐かしさと相互補完的なものと捉えられている。

同じ時期に石川啄木（一八八六－一九一二）は、「故郷の自然は常に我が親友である。しかし故郷の人間は常に予の敵である」と述べていた（「八十日間の記」一九〇六年）。啄木の「故郷」、岩手県渋民村は「時代閉塞の現状」として捉えられた一九〇〇年代の「日本」の縮図でもあった。およそ百年前、小林一茶は「けふからは日本の雁ぞ楽に寝よ」という句を詠み、その一方で「古郷（ふるさと）は蠅すら人を刺しにけり」とも詠んでいる。一茶も確かにナショナリズム前期的な意識をもっていた（青木美智男『小林一茶――時代を詠んだ俳諧師』）。だが、啄木の「石をもて追はるごとく　ふるさとを出でしかなしみ　消ゆる時なし」という短歌と比べると、一茶の「日本」はまだ切実さがなく、彼自身が「ふるさと」に抱いた深い悲しみに直結するものではなかった。

吉本隆明「大衆のナショナリズム」

詩人で批評家の吉本隆明（一九二四－二〇一二）は、一九六四年に「日本のナショナリズム」と題された論文を公表したが（吉本隆明編『現代日本思想大系4　ナショナリズム』）、そこでは「大衆のナショナリズム」に力点が置かれ、唱歌や童謡のような「歌曲」が分析の対象とされている。吉本は主に一九〇〇年代から一九三〇年代までの「大衆歌曲」を素材として、この時期の「大衆」の共同意識の変化をたどろうとしている（拙著『時代のなかの新宗教――出居清太郎の世界　1899－1945』）。

それによると、明治期（一九一〇年代前半頃まで）の歌曲には、政治性としての「お国の為」意識と、社会性としての「身を立て名を挙げ」意識の主題が生きていた。勤勉忠実な努力が報いられ、美しい「ふるさと」との一体化が実現するかのように見える世界である。「尋常小学唱歌」の「冬の夜」は一九一二年のものである。

囲炉裏のはたに縄なう父は　過ぎしいくさの手柄を語る　　居並ぶ子どもはねむさ忘れて　耳

を傾けこぶしを握る　囲炉裏火はとろとろ　外は吹雪

一九一四年唱歌「故郷」の「志をはたして」というのとトーンがあっている。「手柄」をあげる話に「耳を傾けこぶしを握る」というように、「刻苦勤勉し、節約家業にはげめば、社会の上層に立ちうる」という意識が、日本の資本主義の形成期に見られる大衆ナショナリズムの基調をなしていると捉える。日本の「故郷」意識はそうした上昇意識と結びついて広まった。その後こうした考えへの疑いが増大していくのだが、それでもなお有力な考えであり続けている。政界経済界の有力者は勤勉倹約の有効性を説き続ける。

現在、日本の産業資本・金融資本を支配している人物たちは、大なり小なりこのタイプの人間であり、また、知識人は、ごく少数のものが、このモラルを信じているだけである。それにもかかわらず、潜在的には、すべての大衆と知識人は、この資本制上昇期の大衆「ナショナリズム」をみずからのうちにかくしていると、わたしにはおもえる。(『現代日本思想大系4　ナショナリズム』二一頁)

「お国の為」と「悲しみ」の背後にあるもの

しかし、このような主題を直接的に語っている「歌曲」は、大衆の意識の一面を表現しているにすぎない。「お国の為」や「立身出世」が肯定されているかのようであるが、実はその背後で、現実はもっと厳しく、社会的上昇の可能性はとても小さいということがよく自覚されていた。また、自己の利益のためには「お国の為」などかまっていられないという過酷な競争社会のあり方も、本音の部分で十分意識されるようになっていた。さしあたりそれは、センチメンタルな「心情のルサンチマン」として表現されるだろう。こちらにこそ、大衆の心情のナショナリズム（本音のなかの表現されやすい「表」の側面）は濃厚に表現されている。唱歌「青葉の笛」、「すずめ雀」を見てみよう。

一の谷の軍（いくさ）破れ　討たれし平家の公達（きんだち）あわれ　暁寒き須磨の嵐に　聞えしはこれか青葉の笛
（「青葉の笛」一九〇六年）

すずめ雀　今日もまた　暗い道を　ただひとり　林の奥の　竹藪の　さびしいおうちへ　帰るのか　いいえ皆さん　あすこには　父様　母様　待って居て　楽しいおうちが　ありまする
さよなら皆さん　ちゅうちゅうちゅうちゅう（「すずめ雀」一九〇一年）

平家のような敗残者の帰郷を嘆くセンチメンタリズムの背後に、リアルで自己利益を見失わない意識がある（「裏」の側面＝「本音の本音」の側面）。大衆の生活感覚が見えない論者は、しばしばここのところを見落としてしまうが、センチメンタルな故郷意識のさらに裏にあるリアルな現実認識を見落としてはならない。有力者が振りまく故郷意識の建前（政治社会的主題）、それに影響されつつも、それに引きずられてしまわない大衆の生活に根ざした故郷意識、そしてその表（センチメンタルな「恨み」節）と裏（計算高い現実意識）の総体を見る必要がある。吉本は「唱歌」の背後にある「大衆のナショナリズム」をこのように論じている。

童謡の表す「大衆のナショナリズム」

大正期に入ると「お国の為」意識や「身を立て名をあげ」意識という主題は、「歌曲」に表現されるような「大衆のナショナリズム」からは失われていく、と吉本は論じる。公式の場で建前としてはむしろこれまで以上に強く説かれていたのだろうが、大衆の心情の表現としての「歌曲」には見られなくなる。「歌曲」というのは吉本独自の用語法で、「唱歌」や「童謡」や「歌謡曲」まで含まれている。吉本がここで述べていることは、「唱歌」自体の変化としても言えるかもしれないが、「唱歌」に対して批判的な意識をもちながら新たに「童謡」というジャンルが生じてきたことと関わりがあるだろう。

この時期には「ふるさと」は遠く、美しく、喪失された現実として描き出されるようになる。故郷喪失の主題が人々の心を捉え始める。北原白秋の「雨」、野口雨情の「あの町この町」を見てみよう。

雨がふります　雨がふる　遊びにゆきたし傘はなし　紅緒(べにお)の木履(かっこ)も緒が切れた（「雨」一九一八年）

お家(うち)がだんだん　遠くなる　遠くなる　今来たこの道　帰りゃんせ　帰りゃんせ（「あの町この町」一九二五年）

吉本はこれらの「歌曲」の特徴を、次のように捉える。

大衆の「ナショナリズム」は、その統一的な主題を喪失するやいなや、これらの歌曲が表現しているように、すでに現実には一部しか残っていないが、完全にうしなわれてしまった過去の（いわば明治典型期の）、農村・家庭、人間の関係の分離などの情景を、大正期の感性でとらえるというところに移行した。そして、これは幼児体験の一こまと結びつかざるをえなかった。

（『現代日本思想大系4　ナショナリズム』一九頁）

「お里のたよりも絶えはてた」と歌う「赤とんぼ」（一九二一年）が示すように、遠く、美しく、喪失された現実を恋うのだが、その背後にはこの時代の物質的な状況の厳しさの認識が隠されているという。建前の出世意識などはもはや入り込む余地がない。

吉本が大正時代の「歌曲」について論じていることは、「童謡」の特徴を独自の仕方で捉えたものといえるだろう。「童謡」は大人の世界と切り離された「子ども」の世界を設定する。そこには社会の現実から一定の距離を置いた存在として「子ども」を捉える視点が作用している。近代的な子ども観の創出（また、輸入）が行われたのだ（周東美材『童謡の近代――メディアの変容と子ども文化』）。だが、童謡を愛好したのは子どもだけではない。大人も悲しみとその背後にある喪失や痛みを表現し分かち合いたかった。だが、それは大人の現実からは少し距離を置いた、子どもの世界に託してのことだった。

「大衆のナショナリズム」の底上げ？

童謡が盛んに創作されたのは短い時期のことだった。だが、その時期に作られた童謡は、その後数十年にわたって歌われ続けた。大人も子どもも童謡を知っているという時期があった。それはいつ頃までのことだったのだろうか。「赤い鳥小鳥」「あわて床屋」「からたちの花」「この道」「ペチカ」「待ちぼうけ」はいずれも北原白秋の作詞だが、この題を見ただけで、メロディーが浮かんでくる人はどれほどいるだろうか。一九二〇年頃から二〇年ほどの間に一気に作られたこれらの歌が、数十年にわたって老若男女に親しまれた時期があった。戦時中はあまり歌われなかったかもしれないが、戦後には復活し愛好され続けた。それは一九七〇年頃までの時期だったのではないだろうか。

このように、高齢者から子どもまで多くの国民に童謡が愛好された時期があった。それは、国民共同体において、喪失の悲しみと望郷の念の分かち合いがなされうると感じられた時期といえるだろう。吉本隆明のいう「大衆のナショナリズム」が豊かなイメージを伴って表現されえた時期である。吉本は昭和期に入ると、次第に「農村・家、人間関係の別離、幼児記憶」などの具体的表象が失われ、漠然とした概念的な共同意識や喪失感になっていくという。その例として、一九四一年の「たきび」があげられている。

かきねの　かきねの　まがりかど　たきびだ　たきびだ　おちばたき。「あたろうか。」「あたろうよ。」　きたかぜ　ぴいぷう　ふいている。

吉本はこれを「大衆ナショナリズム」の底上げを背景としているという。「故郷」の絆を希望として描き出すことが困難になってくる。そのことと昭和期の超国家主義（天皇制ファシズム）の台頭は符節をあわせている。多くの人々が総力戦によって、「日本」そのものを故郷と幻想しつつ、全面参加と自己犠牲を規範とし、故郷喪失の代償を求めるに至ったのだという。

悲しみを分かち合うことの困難

総力戦と全体主義の時期をどう捉えるかについては異論がありうる。今ここで詳しく論じることはしない。だが、戦後も「大衆ナショナリズム」はなお一定の力を保ち続けたと考えたい。たとえば、岩波文庫の『日本童謡集』は一九五七年が第一刷だが、私が所持している二〇〇五年のものは六二刷である。その間に需要があり続けたことがわかる。また、その間に新たに続編を刊行する必要性は感じられなかったこともわかる。一九二〇年代が主要な創作時期である童謡は、戦後生まれの世代にもある程度の親しみ深さを保ち続けたのだ。

では、「大衆ナショナリズム」の「底上げ」が決定的になったのはいつだろうか。私は一九七〇年代以降ではないかと考えている。これについては十分に立証することはできないが、宗教団体の共同性の変容という観点からの傍証をあげておきたい。

近代日本の新宗教は新たな「故郷」を提供する機能をもった。一八三〇年代に教祖が経験した原体験を踏まえて発生した天理教において、天理教発生の地は「人類の故郷」と信じられた。一九世紀前半から新たな聖地を思い描き、信仰に基づく地域共同体の再建を進めようとする新宗教が発展していく。新宗教は故郷喪失の経験をもつ人々が、新たな故郷を再建する運動と見ることができる。

そして、新宗教がもっとも急速に成長したのは一九二〇年代から一九六〇年代にかけての五〇年ほどの間のことだった。この時期にきわめて多くの国民が新宗教という新たな共同体の構築に勤(いそ)しんだ。そしてそれは「大衆のナショナリズム」を基盤としたものだった。これはまさに、童謡が多くの国民に愛好された時期と重なっている。

「想像の共同体」と感情の共有

そして、一九七〇年代以降は、共同体を再建するタイプの新宗教の発展が後退する。温かい絆をもつ仲間づくりによって、喜怒哀楽を分かち合う共同体の発展が困難になってきたのだ。ベネディクト・アンダーソンはナショナリズムを「想像の共同体」であると特徴づけた(『想像の共同体――ナショナリズムの起源と流行』)。

国民は〔イメージとして心の中に〕想像されたものである。というのは、いかに小さな国民であろうと、これを構成する人々は、その大多数の同胞を知ることも、会うことも、あるいはかれらについて聞くこともなく、それでいてなお、ひとりひとりの心の中には、共同の聖餐(コミュニオン)のイメージが生きているからである。(一七頁)

「聖餐」はキリストの血と肉をともに摂取すると信じられているキリスト教の日曜日の礼拝である。その聖餐のように、ナショナリズムには聖なるものを通して人々が一体化する宗教的な共同性があるとアンダーソンは捉える。そしてその明確な現れは、同胞愛に基づく死の受容という事実だ。

国民は一つの共同体として想像される。なぜなら、国民のなかにたとえ現実には不平等と搾取があるにせよ、国民は、常に、水平的な深い同志愛として心に思い描かれるからである。そして結局のところ、この同胞愛の故に、過去二世紀にわたり、数千、数百万の人々が、かくも限られた想像力の産物のために、殺し合い、あるいはむしろみずからすすんで死んでいったのである。（一九頁）

「国民」という共同性は、聖なるものとして想像されてきた。近代以前に宗教が占めてきた共同性の意識にかわって、「国民」という意識が形成された。そこには宗教的な共同性が宿っているというのだ。戦争による死はこの宗教的共同性を際立たせる。第7章ではこのような「聖なる死」の意識が、戦後、どのように引き継がれていったかについて問う。この第6章で見てきたのは、「国民」が堅固な共同体として想像される基礎に、住民の間でさまざまな共同体が実際に機能し、感情の共有が容易になされる社会の様態があったということだ。ともに歌を歌い、故郷を思う、そのような感情共有の共同体経験があるからこそ、国民共同体を想像する際にもリアリティが感じられたのだ。

悲嘆と望郷の連帯感の後退と再活用

悲嘆の分かち合いについても同様のことが言えるだろう。地域共同体や親族共同体とともに、国民共同体が強く実感されるときには、多くの住民が悲嘆の分かち合いを実感することができた。老若男女が童謡を一様に愛好する社会は、なお悲嘆の分かち合いを前提にすることができる社会でもあった。二〇世紀の最後の四半世紀ほどから後、人々は悲嘆の分かち合いができる共同体に自らが所属しているという実感を失っていった。グリーフケアの必要性が強く感じられるようになったのは、こうした変化があったからではなかっただろうか。

第4章で見たように、ジェフリー・ゴーラーは人々が伝統的な宗教文化から離れていったことが、死別の文化、悲嘆の文化を弱体化させていると見た。それは重要な洞察だが、地域共同体と結びついた伝統的な宗教文化が徐々に力を失っていく近代には、新たに国民文化という形で悲嘆を分かち合うことができると感じられたことも忘れてはならない。この第6章では、日本の国民が好んだ唱歌や童謡のような「うた」を通して、国民文化的な悲嘆の共有感を捉えようとした。

ここでは宗教的な死後の救いや他界にかわって、「故郷」が「帰っていく場所」として現出している。「望郷」の念が宗教的な救済の代替物として表現され、分かちもたれたと考えてよい。だが、このような国民文化的な「悲嘆の分かち合い」の感覚もいつまでも保持され続けるものではないだろう。日本の場合、敗戦以後、次第に国民文化的な悲嘆や望郷の共有感は失われていく。第7章、第8章でその様子を見ていくことにしたい。

もっとも、日野原重明先生の葬儀で唱歌「故郷」が用いられたように、悲嘆の国民文化の新たな共有という再活用も生じうる。しかし、そこで悲嘆と望郷の持続的な連帯感が取り戻されたというわけではない。一時的な共有感が現出されたにとどまっている。いわばかつて強い拘束力をもっていた「伝統」であることを意識しつつ、その限定的な機能を自覚的に再活用しているのだ。そのような文化資源の再活用を通して、悲嘆の孤独に閉ざされがちな個々人がつながり合えることを何とか確認しようとしているともいえるだろう。

参考文献

渡辺裕『歌う国民――唱歌、校歌、うたごえ』中公新書、二〇一〇年
周東美材『童謡の近代――メディアの変容と子ども文化』岩波現代全書、二〇一五年
金田一春彦『童謡・唱歌の世界』主婦の友社、一九七八年、講談社学術文庫、二〇一五年
古茂田信男『七つの子――野口雨情 歌のふるさと』大月書店、一九九二年
上田信道編著『名作童謡 野口雨情 100選』春陽堂、二〇〇五年
野口雨情『童謡と童心芸術』同文館、一九二五年
二木紘三「二木紘三のうた物語『ロンドンデリーの歌』」
http://duarbo.air-nifty.com/songs/2007/03/londonderry_air_2799.html 二〇一七年九月一二日閲覧
同「二木紘三のうた物語『ダニー・ボーイ』」
http://duarbo.air-nifty.com/songs/2007/08/post_08b2.html
宮塚利雄『アリランの誕生――歌に刻まれた朝鮮民族の魂』創知社、一九九五年
草野妙子『アリランの歌――韓国伝統音楽の魅力をさぐる』白水社、一九八四年

成田龍一『「故郷」という物語――都市空間の歴史学』吉川弘文館、一九九八年
石川啄木「八十日間の記」『啄木全集』13、岩波書店、一九五二年
青木美智男『小林一茶――時代を詠んだ俳諧師』岩波新書、二〇一三年
吉本隆明編『現代日本思想大系4　ナショナリズム』筑摩書房、一九六四年
島薗進『時代のなかの新宗教――出居清太郎の世界　1899―1945』弘文堂、一九九九年
与田準一編『日本童謡集』岩波文庫、一九五七年
ベネディクト・アンダーソン『想像の共同体――ナショナリズムの起源と流行』（白石隆・白石さや訳）リブロポート、一九八七年（*Imagined Communities: Reflections on the Origin and Spread of Nationalism*, 1983）

第7章　戦争による悲嘆を分かち合う困難

悲嘆の共同性の変容について

グリーフケアが広まる背景には、家族・親族や地域共同体の拡散、また伝承されてきた宗教儀礼への親しみの希薄化といった事態がある。死別の悲嘆を分かち合う場が弱まってきた。このことは一九六五年の『死と悲しみの社会学』でゴーラーが示して以来、繰り返し確認されてきた（第4章）。だが、悲嘆を分かち合う共同性は血縁・地縁・友人関係等によって成り立つだけではない。かつては共同意識が広がっている範囲で、多くの人々が悲しみを共有していると感じることができた。とりわけ、災害や戦争や大きな事故や首長の死が起こったときなどは、悲嘆の共同性が現出し連帯感が生まれてくる。東日本大震災の折には、多くの人々がそのような悲嘆の絆を分かちもったのだった。

しかし、そうした悲嘆の共同性というものも、二〇世紀から二一世紀へと展開するなかで、大きく変化してきた。第6章でもこの問題を取り上げたが、この第7章でも異なる視角から悲嘆の共同性について考えていきたい。取り扱う時期は、第6章より少し後になる。

八月一五日の悲嘆の分かち合い

一五年戦争ともよばれる日中戦争とアジア・太平洋戦争は、近代日本で最大の喪失と悲嘆をもたらす出来事だった。三〇〇万の日本人の人命が喪（うしな）われ、中国やアジア諸国などの外国人の死者はその数倍に及ぶと推定されている（各国政府の公式発表などによると一九〇〇万人を超える。小田部雄次他『キーワード日本の戦争犯罪』）。人命とともに、大日本帝国に対する過大なプライドと世界を導くという希望も喪われた。では、この巨大な喪失に対するグリーフワーク（喪の仕事）はどのようになされてきたのか。これはあまりに大きな問いなので、少し問いをしぼろう。戦争で喪われたいのちへの悲嘆を分かち合うことは、どのようになされてきたか。

毎年八月一五日には、日本武道館で正午少し前から全国戦没者追悼式が行われる。これは、一九五二年五月二日に新宿御苑で初めて行われ、紆余曲折を経て一九六五年からは八月一五日に日本武道館で行われているものだ。式場正面には「全国戦没者之霊」と書かれた白木の柱が置かれ、天皇・皇后両陛下が臨場し、黙祷に続いて天皇陛下が壇上で「おことば」を読み上げる。その後、衆議院議長、参議院議長、最高裁判所長官、戦没者遺族代表の追悼の辞があり、献花がなされて終わる。この式典の情景はＮＨＫテレビで全国に放映される。それを見ている限りは静かな追悼の集いである。

八月一五日の落ち着きのなさ

だが、この日にすぐ近くの靖国神社では、まったく異なる情景が展開している。ネットを見ると、八月一五日の靖国神社とその周辺について、写真や映像を含めて多くの情景描写が見出される。『デイリーニュースオンライン』二〇一五年八月一九日の川口友万による記事を見てみよう。「【終戦の日】 靖国神社で激突『売国奴』『天皇制やめろ』怒号渦巻く」と題されたものである。

九段下から靖国神社までの長くゆるい坂は、靖国神社を参拝する人たちで埋め尽くされ、屋台の一軒もない（今年は御魂祭りも含めて、靖国神社では屋台が出ていない）代わりに、ウイグルやモンゴル、台湾の民族独立運動の支援団体がビラを配り、署名を集めていた。靖国神社＝保守＝反中国ということらしい。中国政府がしているという凄まじい拷問の写真に、気持ちが引いてしまう。

正午には少し静かになる。だが、靖国神社の境内は「にぎやか」と言わざるをえない状況だ。境内に入る前に正午を迎えた。列が止まり、しばし黙祷。改めて、今日という日は失われた命とその魂のために、生きている私たちが静かに祈る日なのだと思う。／境内は意外と空いていた。拝殿に向かって歩いていくと、軍服姿の人たちがいる。……乃木将軍？　車いすのご老体は那須戦争博物館の館長、栗林白岳氏だ。私財で作った個人経営の博物館は戦車からガトリング砲まで一万五〇〇〇点余を収集・展示しているのだという。／その隣になぜかドイツ軍、しかもナチスの親衛隊の軍服を着た青年が。なぜナチス?／「親衛隊が好きで、親衛隊の恰好がしたかったんですよ」／でも靖国だぜ、ここ。／「三国同盟だったからいいかなって」

夕方には右翼のデモ、続いて極左のデモがやってくる。「警察と保守や右翼は仲が良いと思っていたのだが、そうでもないらしい。右からも左からもいじめられて、警察は大変である」と記者は警察に同情している。悲嘆を分かち合うことが望まれる「終戦の日」だが、それがとても難しい様子がうかがわれる。テレビに映る全国戦没者追悼式の情景を見つめる視聴者も、上記のような靖国神社の様子をまったく知らないわけでもなく、落ち着かぬ気持ちになるだろう。悲嘆を分かち合い、心を鎮めて故人のことを思う時と場をもちにくい。敗戦後、七〇年以上にわたって、日本人はこうした落ち着きのなさを、したがって悲嘆の分かち合いの難しさを感じ続けてきた。

原爆投下の日の悲嘆の分かち合い

八月六日と九日、広島と長崎に原爆が落とされた日の追悼の時と場は、もっと悲嘆を分かち合うのにふさわしい時と場であるだろう。広島には平和記念公園があり、原爆ドームがある。長崎には平和公園があり、平和祈念像や平和の泉がある。広島平和記念資料館があり、長崎原爆資料館もある。だが、原爆犠牲者へ捧げる追悼をめぐっても、政治的な立場の違いによって一致できないことも出てくる。核実験反対運動が分裂していった経緯はそのことをよく示している。そして、すでにかなりの時を経ているその悲嘆の内実を、新たに生まれてきた人たちと分かち合う機会も乏しい。

世代を超えて原爆によって生じた悲嘆を伝えていくのは容易なことではない。
沖縄には平和祈念公園があり、平和祈念資料館がある。ひめゆりの塔があり、ひめゆり平和祈念資料館もある。だが、慰霊・追悼の施設となると複雑である。敵味方関係なく沖縄戦の二四万人を超える死者の名前を記した平和の礎(いしじ)があるが、そのすぐ向こうの摩文仁(まぶに)の丘には各県出身地別慰霊・平和祈念施設が多数あり、多くは遺族会が関与している。天皇の軍隊の一員として亡くなった人々を神として祀る、沖縄県護国神社と通じ合うものを感じる人々も少なくない。

絵本による悲嘆の分かち合い

日本では戦争による死をめぐる悲嘆を分かち合うのは容易なことではない。だが、大多数の人によって分かち合われると感じられる、例外的なケースもある。松谷みよ子の詩に司修が絵をつけた絵本『まちんと』はそうした稀有な例のひとつだろう。悲しくも美しい絵がついていて、今も小学校などで読み聞かせが行われている。見開き二頁毎の詩句を以下に紹介する（言葉のない二頁もある）。

すこし　むかし／ちいさな子が
もうじき　三つになる子が
広島に　すんでいて／昭和二十年八月六日の朝／げんしばくだんに／おうたげな
ただ　いっぱつの／ばくだんだったけれど
いっしゅんのうちに／まちは　もえあがり／いっしゅんのうちに／まちは　くずれおち

人も　ほのおともえ／いきのこった　人びとは／やけただれて／さまよった
黒い雨は／そのうえに／ふりそそぎ　ふりそそぎ
その子も／くるしみながら　ねかされて／トマトを　口に　いれてやると／まちんと　まちんと／といって　ほしがった
ちょっとまってねえ／トマトを　さがしてくるからねえ／その子の　おかあさんは／そういって　さがしにでたけれど／くずれ　やけおちたまちに／トマトはなかった／たった　ひとつでいいから／トマトを……トマトを……／ようやく　ひとつみつけて／もどったとき／その子はもう死んでいた／まちんと　まちんとと／いいながら／死んでいったげな
その子は　死んで／鳥になったげな
そうして　いまがいまも／まちんと　まちんとと／なきながら／とんでいるのだと
ほらそこに――
いまも――

悲嘆の分かち合いを蘇らせる作品

この作品が多くの人々の心を揺さぶる力は絵の表現力に多くを負っている。また、詩と絵が組み合わされた「絵本」という形、また「読み聞かせ」という分かち合いの形によるところも大きいように思われる。子どもの心に響く絵と物語は、世代や職業・地域・立場等を超えて人々の心に届く

ものなのかもしれない。アンデルセンや宮澤賢治の童話が、そして大正・昭和期の童謡がもってい
た悲嘆を分かち合う力が、現代の絵本に受け継がれているようでもある。
『まちんと』と同じようにアジア・太平洋戦争を主題とし、同じく多様な人々の心に届く力をもっ
た作品に『この世界の片隅に』がある。序章でも引いたが、主題歌「みぎてのうた」は原作の作者
こうの史代と片渕須直監督の作詞によるもので、一九四五年と二〇一六年の隔たりを感じさせない
ものだ。

すごい速さで／記憶となって／ゆくきらめく日々を
貴方は／どうする事も出来ないで
貴方などこの世界の／切れつ端に／すぎないのだから
貴方など懐かしい／切れぎれの誰かや何かの／寄せ集めにすぎないのだから
だから／いつでも／用意さるゝ／貴方の居場所
どこにでも宿る愛／どこにでも宿る愛
変はりゆくこの世界の／あちこちに宿る／切れきれの愛
ほらご覧／いま其れも／貴方の／一部になる

『まちんと』や『この世界の片隅に』のような作品は、アジア・太平洋戦争による死者たちの死を
悲しむ、また人々の喪失を思い起こすグリーフワーク（喪の仕事）が、今も進行中であることを教
えてくれる。

だが、この「喪の仕事」は当初から困難が伴っていた。軍人・兵士の死を取り上げる場合、とくに戦没特攻隊員を取り上げる場合、その死をどう評価するかについて厳しい対立が生じた。そのため、早すぎた死を余儀なくされた死者たちを念頭に、悲嘆を分かち合うことがしにくくなった。そして、それは現在に至るまで続いている。

『まちんと』や『この世界の片隅に』の場合はまず兵士や軍人ではなく、罪なき者の悲しい死だったからこそ、それを悼む気持ちを分かち合うことが可能だった。だが、その場合でも、非戦平和というようなメッセージが政治的な主張として強く現れないような、静かな語り口だからこそ広く受け入れられることができたのだと思われる。どちらの作品でも、子どもの戦争死者が取り上げられていることは偶然ではないだろう。静かな語り口というのは、どちらの作品も「悲嘆を分かち合う」ということを表現の核においており、恐るべき暴力を招き寄せた政治・組織等への批判や非戦平和という政治的メッセージは控え目に提示されているということだろう。いや、そのことによって非戦平和の願いがより強力に分けもたれているのかもしれない。

軍人・兵士の死をめぐる不協和音

悲嘆を分かち合うことの困難ということで、すぐに思い起こされるのは、戦死した若い軍人・兵士のことである。

アジア・太平洋戦争の後期には多くの軍人・兵士が戦死した。この若者たちの中には、大学等で学問に取り組んでいるさなかに召集された者がおり、また特別攻撃隊の一員として最期を迎えた者も少なくなかった。将来、エリートとして日本社会で大きな役割を担うことが期待された者たちが早い死を余儀なくされたこと、また、確実に死ぬことを覚悟しながら最後の日々を過ごさねばならなかったことから、彼らの死に対する悲嘆は多くの人々の共鳴をよぶはずのものだった。

靖国神社や各県の護国神社は、彼らに対する追悼と慰霊と祈りの場となるはずだった。ところが、敗戦によって靖国神社や護国神社の威光は失墜した。また、敗戦が予想されるなか、彼らの死を避けられる可能性はなかったのかという思いが強まっていった。こうしたなかで、戦没した若者たちの手紙、日記、手記等が公表され、多くの人々の共感をよぶようになる。悲嘆を分かち合うメディアとなっていく。ところがそれとともに、それらに対する不協和音も響くようになる。

戦没学生の遺した文書——『はるかなる山河に』

戦死した若い軍人・兵士の残した文書を集めて刊行された最初の書物は、東大学生自治会戦歿学生手記編集委員会が編集した『はるかなる山河に——東大戦歿学生の手記』で、刊行日は一九四七年一二月四日である。冒頭に当時の東大総長である南原繁（一八八九－一九七四）による「戦歿学生にささぐ」という小文が掲載されている。その末尾に「昭和二十一年三月三十日東大戦歿並に殉難者慰霊祭における告文」とあるように、若くして世を去った学徒への追悼の念が本書を生む背景にあったことは確かだろう。南原の「戦歿学生にささぐ」は次のように結ばれている。

諸君の嘗て幾たびか集つた思出多き講堂、別しても先年全学の壮行会を開いた此処から出で征いた同じ場所に於て、今日追悼記念の式を挙ぐるに当り、諸君の霊は必ずや帰り来つて此処に在るであらう。その英霊を囲んで、学園にふさはしく何の宗教的儀式をも持たぬ純一無雑な慰霊祭に於て、不肖ながら自ら祭主となつて執り行つた我等の衷情を諸君は屹度酌んで呉れるであらう。／いま吾が心の悲しみを拙詠二首挽歌として霊前に献げ度いと思ふ。

桜花咲きのさかりを益良夫のいのち死にせば哭かざらめやも

戦に死すともいのち甦り君とことはに国をまもらむ

信愛なる吾が若き同友学徒並びに職員の霊よ、冀くは饗けよ。（九－一〇頁）

『はるかなる山河に』の政治的性格

何ほどか靖国祭祀や招魂祭の雰囲気をも伝える「戦歿学生にささぐ」に続いて、フランス文学者の辰野隆（一八八八－一九六四）による「序」が置かれているが、そこには次のような一節が含まれている。

戦歿学徒諸君の手記や書簡を読みながら、私は幾度かあふれ出る涙をとどめかねた。彼等の溌剌たる想念と青春の伊吹（ママ）が一行毎ににじみ出で、考へながら闘ふ日本の青春が誰かに訴へようとしてゐる、その数々の疑ひ、悩み、悲み、望みが直下に私の胸に迫つて来るのであつた。而して、そこに、軍閥官僚徒輩の低劣凡愚な理念に寸毫も影響されぬ個人の思想感情が披瀝され

てゐるのが如何にも快かつた。（一二頁）

「軍閥官僚徒輩の低劣凡愚な理念に寸毫も影響されぬ」という箇所は軍国主義的とか皇国史観的と特徴づけられるような言葉が含まれていないということを示唆するものだが、実際は含まれていて刊行にあたって削除されたことが後に明らかになる。一九八〇年代になって、『はるかなる山河に』に日記と書簡が掲載されている中村徳郎（東大理学部から出征）の七歳年下の弟、中村克郎（医師）は、連合国軍総司令部（ＧＨＱ）の検閲によって、「八紘一宇、万世一系、天壌無窮、七生報国、承詔必謹、天皇陛下万歳、九段の社頭で会おうよ、というような言葉は」削除されたと述べている（「あとがき」『きけ　わだつみのこえ』岩波文庫、一九八二年、三四一－三四二頁）。

『きけわだつみのこえ』の刊行

この中村克郎は『はるかなる山河に』の編集に尽力するとともに、続いて刊行された『きけわだつみのこえ――日本戦歿学生の手記』の刊行にも多大な貢献をし、長く「日本戦没学生記念会（わだつみ会）」の中心人物の一人として、戦没学生の追悼のための活動を続けた。中村によると『はるかなる山河に』は増刷に増刷を重ねるとともに、東大の学生だけではなく全国版を作るべきだという声があがり、二〇万部ほどが売れた時点で絶版とすることとし、一九四八年春から全日本版の編集にとりかかった。東大協同組合出版部の中に「日本戦歿学生手記編集委員会」を立ち上げ、原稿募集を行ったのである。

一九四九年一〇月二〇日、日本戦歿学生手記編集委員会編『きけわだつみのこえ――日本戦歿学生の手記』が刊行される。この本の刊行には爆発的な反響があり、初版は五〇〇〇部だったが、一カ月以内に二刷、一九五〇年一月には三刷となり、同年年末には三〇万部に達した（保阪正康『「きけわだつみのこえ」の戦後史』四九頁）。そして、編集委員会から発展的に日本戦没学生記念会（わだつみ会）が結成されるのが一九五〇年四月、同年一〇月には機関紙『わだつみのこえ』が発刊されている。また、映画『きけ、わだつみの声』も制作され、五〇年六月に全国一斉公開された。『きけわだつみのこえ』は、戦争による死者への悲嘆の念を分かち合う一つの焦点となったのだ。「きけわだつみのこえ」という題を提案したのも中村克郎で、「わだつみ」は戦争中に愛読していた斎藤茂吉の『萬葉秀歌』で覚えた言葉だという。「わだつみ」は「海神」であり、「わだつみのこえ」は海神のいるはるかな海の彼方から聞こえてくる声を意味する。題名全体としては、遠い彼方の死んでいった若者たちの声に謙虚に耳を傾けようということだという（『「きけわだつみのこえ」の戦後史』四八頁）。

市島保男「最後の日記」

『きけわだつみのこえ』に収録されている文章は、今なお読む者の心を打つものが多い。一例として、「早稲田大学商学部学生。昭和十八年十二月入団。二十年四月二十九日沖縄東南海上にて戦死。二十三歳」と紹介されている市島保男の「最後の日記」の一部を引こう。まず四月二〇日の記述。

> 心静かな一日であった。家の者とは会わなかったが懐しき人々とは存分語り合い、心楽しき時を過し得た。／今日去れば再び相会う事は出来ぬ身なれど、すこしも悲しみや感傷に捉われる事なく談笑の中に別れる事が出来たのは我ながら不思議なくらいである。／俺にとっても自分がここ一週間の中に死ぬ身であるという気は少しもせぬ。興奮や感傷も更に起らぬ。／ただ静かに我が最後の一瞬を想像する時、すべてが夢のごとき気がする。死する瞬間までかく心静かに居られるかどうかは自分にも判らぬが、案外易い事のようにも思われる。（二六一頁）

四月二三日には、「自分が明日死んで行く者のような感がせぬ。今や南国の果てに来たり、明日は激烈なる対空砲火を冒し、また戦闘機の目を眩ましつつ敵艦に突入するのだとは思えない」とあり、「畦道を手拭いを下げて彷徨うと、あたりは虫のすだく声、蛙のなく声に包まれ、幼き頃の想い出が湧然と生じ来る。れんげの花が月光に浮き出て実に美しい。川崎の初夏の様子とすっかり似ており、一家揃って散歩した事などが懐しい」とある（二六二頁）。そして、最後の記述は四月二四日である。

> 隣りの室では酒を飲んで騒いでいるが、それもまたよし。俺は死するまで静かな気持でいたい。人間は死するまで精進しつづけるべきだ。まして大和魂を代表する我々特攻隊員である。その名に恥じない行動を最後まで堅持したい。私は自己の人生は人間が歩み得る最も美しい道の一つを歩んで来たと信じている。精神も肉体も父母から受けたままで美しく生き抜けたのは神の大なる愛と私を囲んでいた人々の美しい愛情の御蔭であった。今限りなく美しい祖国に我が清

き生命を捧げ得る事に大きな誇りと喜びを感ずる。（二六三頁）

上原良司「遺書」

冒頭に掲げられているのは、「慶応大学経済学部学生。昭和十八年十二月入営。二十年五月十一日陸軍特別攻撃隊員として沖縄嘉手納湾の米国機動部隊に突入戦死。二十二歳」と紹介されている上原良司の「遺書」である。上原の文章は本文にも収載されているが、この「遺書」は、三部に分けて収載されているすべての文章の前に置かれており、全体を代表するような役割を与えられている。

上原は「生を享けてより二十数年何一つ不自由なく育てられた私は幸福でした」と書き出している。そして、「この間御両親様に心配をお掛けした事は兄妹中で私が一番でした。それが何の御恩返しもせぬ中（うち）に先立つ事は心苦しくてなりません」と言う。続いて、死に直面している自己の心境にふれ、「私は決して死を恐れてはいません。むしろ嬉しく感じます。何故なれば、懐しい龍（たつ）兄さんに会えると信ずるからです」と述べている（一三―一四頁）。それに続く部分は上原に特徴的な内容で、上原の「遺書」がこの位置に置かれたのは、この部分があったからではないかと想像される。

> 私は明確にいえば自由主義に憧れていました。日本が真に永久に続くためには自由主義が必要であると思ったからです。これは馬鹿な事に見えるかも知れません。それは現在日本が全体主義的な気分に包まれているからです。しかし、真に大きな眼を開き、人間の本性を考えた時、

自由主義こそ合理的になる主義だと思います。／戦争において勝敗をえんとすればその国の主義を見れば事前において判明すると思います。人間の本性に合った自然な主義を持った国の勝(かち)戦(いくさ)は火を見るより明らかであると思います。（一四頁）

中村徳郎「在隊手記」

ここで述べられていることは、その手記がもっとも長く収載されている者の一人である中村徳郎の述べていることのある部分と響きが似ている。「東大理学部地理学科学生。昭和十七年十月入営。十九年六月比島方面に向い以後行方不明。二十五歳」と紹介される中村だが、以下の「在隊手記」は一九四三年のものである。まず五月一五日。

私たちはよく省みなくてはならぬ。安っぽい感傷やブリキ細工のような独善を排しなければならない。／私はあまりにもくどすぎる自己礼讃をきくと反吐(へど)をはきたくなる。／日本人はもっと謙譲であるべきはずだ。黙々として、永遠に全人類の心の底を脈打って流れる偉大なる貢献をなしてこそ、初めて日本民族の偉大性が燦として全人類史を飾ることになるのである。／実力のない空威張は総て排さなければならぬ。しかもその実力は並大抵の努力で得られるものではない。（一七四頁）

次は五月一八日で、「美術報国会」というものができたというニュースに応じたものだ。

何でも『報国』といった文字を冠すればよいと思っているらしい。大方『美報』もまた戦争の絵でも描きまくってもって事足れりとするのかもしれない。いずれも誤れるも甚しいといわねばならない。真の報国というものがどんなものか考えもしないで大言壮語している。／『ほうこく』でなくて『ぼうこく』であろう。（一七五頁）

戦闘や軍務に従事し、死が近いと予想せざるをえない状況で、このように鋭く当時の社会の弱さを見抜いていた若者がいたことがわかる貴重な記録である。『きけわだつみのこえ』が、戦後に共同のグリーフワーク（喪の仕事）を行い、人々が若いいのちの喪失による悲嘆を分かち合うための書物として歓迎されたのは、こうした資料が含まれていることに多くを負っていると考えてよいだろう。

第一次わだつみ会から第二次わだつみ会へ

『きけわだつみのこえ』のこうした側面に力点を置きつつ、わだつみ会の活動は政治色を濃厚に帯びたものとなった。これについては、保阪正康『『きけわだつみのこえ』の戦後史』の第二章「バイブルへの道」が詳しい。一九五〇年代を通じて、『きけわだつみのこえ』が戦後民主主義のバイブルと化していくプロセスが進行したというのだ。そもそもわだつみ会は一九五〇年の発足以来、日本共産党と関係があり、機関紙『わだつみのこえ』は毎月刊行されるようになるが、それは東大の共産党細胞を中心に担われていた。

また、わだつみ会は当初から「戦没学生記念碑建設」を取り組み課題としていたが、実際に「わだつみ像」は早い段階でわだつみ会が本郷新に依頼して作成された。東大に置くことはできなかったものの京都の立命館大学から引き受けたいとの申し出があり、一九五三年一二月八日に立命館大学でわだつみ像建立除幕式が行われた。だが、やがてこの第一次わだつみ会は財政難に陥り、一九五八年に解散する。かわって、戦中派の世代の学者らが担い手となり、共産党とは一定の距離をとりながら、第二次わだつみ会が立ち上がる。

この第二次わだつみ会がもう一つ若い世代と協力しながら編集したのが、一九六三年に刊行されたわだつみ会編『戦没学生の遺書にみる15年戦争――開戦・日中戦争・太平洋戦争・敗戦』(光文社)で、六六年には『第2集　きけわだつみのこえ』と改題されて同じ光文社から刊行された。保阪正康も指摘しているが、この題に示されているように、この第二集は、編集意図が追悼と政治の間を揺れていることを示している。「あとがき」にも「戦争の中で迷い、悩み、苦しみながら殺されていった国民の姿を(中略)再現する」とともに、「国民をあげて戦争へと追いこんでいった巧妙な統治組織と苛酷な軍隊制度とをいま一度白日の下にさらす」ことを目指すとされている(カッパブックス版、二六二頁)。そして、それこそが「われわれの会の旗じるしである『不戦』と『平和』の原理と伝統」を掲げることになるのだと述べられている(二六九頁)。

『雲ながるる果てに』「発刊の言葉」

このように、読む側の政治的課題意識が介在することによって、『きけわだつみのこえ』に対して不協和音が響き合うようになる。早くも一九五二年六月に刊行された『雲ながるる果てに——戦歿飛行予備学生の手記』の冒頭に掲げられた「発刊の言葉」に、『きけわだつみのこえ』に対する批判が見られる。この書物の編者である白鷗遺族会は、第一三期海軍飛行専修予備学生として一九四三年九月に三重と土浦の海軍航空隊に入隊した者の遺族と生き残った隊員らの集まりである。「発刊の言葉」は白鷗遺族会の理事長である杉暁夫が編者代表として記したものである。

> こゝにある総ては、大学及び高専を卒業若しくは在学中に、海軍飛行専修予備学生を志願して散華(さんげ)して行つた人々の手記であります。／戦後、戦歿学徒の手記として「きけわだつみのこえ」といふ本が刊行され、そしてそれが当時の日本の青年の気持の全部であつたかのやうな感じで迎へられ、多大の反響を呼んだのであります。／確かにあゝした気持の者も、数多い中には相当居つたことと思ひます。／しかしながら、それが一つの時代の風潮におもねるが如き一面からのみの戦争観、人生観のみを画(えが)き、そしてまた思想的に或は政治的に利用されたかの風聞をきくに及んでは、「必死」の境地に肉親を失はれた遺家族の方々にとつては、同題名の映画の場合と同様に、余りにも悲惨なそれのみを真実とするには、余りにも呪はれた気持の中に放り出されたのではないかと思ひます。（一一二頁）

この「発刊の言葉」では、『きけわだつみのこえ』に収録された手記がよく似た種類のもので統一されているかのように捉えられている。「あゝした気持の者」という表現がなされているが、これはどういう死者たちを指しているのだろうか。ここまでに引用した『きけわだつみのこえ』の手記でも、市島保男の「最後の日記」のそれと上原良司のそれとはだいぶ異なる。だが、杉暁夫が「あゝした気持の者」というときは、上原良司の「現在日本が全体主義的な気分に包まれている」という言葉に示されているように、戦争を進める当時の日本の体制のあり方に批判的だった者を指していると思われる。

映画『きけわだつみの声』

「発刊の言葉」には「同題名の映画」にもふれていた。これは一九五〇年に上映された関川秀雄監督による『きけわだつみの声』を指している。この映画はかなりの観客を動員したヒット作だったが、『きけわだつみのこえ』に取材はしているものの、多数の学徒兵を取り上げるのではなく、少数の学徒兵を取り上げ、ストーリーを仕立てたものだ。福間良明は「監督の関川と脚本の舟橋和郎は、遺稿集の記述を参考にしながら、ビルマ戦線を舞台に、学徒兵の聡明さと士官学校あがりの上官の横暴を対比的に描いた」とまとめている（『殉国と反逆――「特攻」の語りの戦後史』二九頁）。

福間良明は当時の批評をいくつかあげている。「戦争の悲劇は、もちろん学徒兵の一面からのみすべてを語りつくすことは出来ない。しかし、この作品が訴えようとする主眼は、飽くまで戦没学生の魂の叫びであり、死と対決する知性の闘いの相である」、「むしろ単純すぎるともいうべき倫観に立つて、戦争に対する素ボクな怒りをバク発させたところに、この映画の成功が見出される」、「『暁の脱走』や『また逢う日まで』などと異り、あくまでも真正面から戦争の悲劇にぶつかつている作家の態度は、こんにちとくにたたえられるべきである」など。福間はそこで描かれた若者について、「『聡明』『反戦』な学徒兵像」とまとめている（三〇頁）。

植村眞久「愛児への便り（遺書）」

では、『雲ながるる果てに』に収録された文書はどう異なるのか。最初の文章は、「立教大学　東京都　神風特別攻撃隊大和隊、十九年十月廿六日比島セブから三機発進してレイテ湾に向つたが全機還らず。二十五歳」と紹介されている植村眞久の「愛児への便り（遺書）」である。

素子　素子は私の顔を能く見て笑ひましたよ。私の腕の中で眠りもしたし、またお風呂に入つたこともありました。素子が大きくなつて私のことが知りたい時は、お前のお母さん、佳代伯母様に私のことをよくお聴きなさい。私の写真帳もお前のために家に残してあります。素子といふ名前は私がつけたのです。素直な、心の優しい、思ひやりの深い人になるやうにと思つて、お父様が考へたのです。／私は、お前が大きくなつて、立派な花嫁さんになつて、しあはせになつたのを見届けたいのですが、若しお前が私を見知らぬまゝ死んでしまつても、決して悲しんではなりません。お前が大きくなつて、父に会ひ度いときは九段へいらつしやい。そして心に深く念ずれば、必ずお父様のお顔がお前の心の中に浮びますよ。（一三―一四頁）

ここで「九段へいらつしやい」というのは、靖国神社を参拝すれば、そこで父、眞久に会えるという意味である。

吹野匡「遺言状」

次に吹野匡の「母上様」に宛てた「遺言状」を見よう。吹野については、「京都大学　鳥取県二十年一月六日神風特別攻撃隊旭日隊に参加、比島方面にて戦死、二十六歳」と紹介されている。

永い間御心配をおかけ致し、今日迄にして戴きました御恩を酬ゆる事なく今また先立つ不孝誠に申訳ありませんが、之も大君の為、国の為の立派な御奉公なれば、喜んで御許し下さる事と思ひます。／何等思ひ残す事なく限りなき満足の心境を以て、笑つて敵艦に体当りした私の姿を想像下さい。／海軍航空隊に生活して、初めて私も悠久の大義に生きる道を悟りました。戦地に来て未だ十日ですが、私の戦友部下達の相当の数が既に戦死しました。此等の友と部下達の事を想ふと、生きて再び内地の土を踏む気持にはなれません。／私は必ず立派に戦つて、悔なき死場所を得る積りで居ります。／皇国三千年の歴史を考ふる時、小さな個人、或は一家の事など問題ではありません。我々若人の力で神洲の栄光を護り抜いた時、皇恩の広大は小さな一家の幸福をも決して見逃しにはしないと確信します。（四五頁）

この吹野の「遺言状」に見られるような皇国のための死の決意は、特殊なものではなかった。当時の軍部や聖戦体制の指導者にとっては模範的なものであって広く見られたものである。『雲ながるる果てに』ではある程度の数、見られるのだが、『きけわだつみのこえ』ではほぼまったく見られなかった。そのことに強い違和感をもつ人々が少なくなかったのだが、『雲ながるる果てに』の

「発刊の言葉」はそのことを明確に示した。死者を偲ぼうとするとき、立場が異なると不協和音が響き、拡大してともに悲しみ、思いを分かち合うことが難しくなってしまうのだ。

戦後の政治意識や倫理観による編集の是非

『きけわだつみのこえ』を編集し、その思いを引き継いでいこうとするわだつみ会の内部でも不協和音を避けることはできなかった。初刊の冒頭に掲載された、東大教授でフランス文学研究者の渡辺一夫の「感想」にすでにその兆候が見えている。

初め、僕は、かなり過激な日本精神主義的な、ある時には戦争謳歌にも近いような若干の短文までをも、全部採録するのが「公正」であると主張したのであったが、出版部の方々は、必ずしも僕の意見には賛同の意を表されなかった。現下の社会情勢その他に、少しでも悪い影響を与えるようなことがあってはならぬというのが、その理由であった。僕もそれはもっともだと思った。(中略)若い戦歿学徒の何人かに、一時でも過激な日本主義的なことや戦争謳歌に近いことを書き綴らせるにいたった酷薄な条件とは、あの極めて愚劣な戦争と、あの極めて残忍闇黒な国家組織と軍隊組織とその主要構成員とであったことを思い、これらの痛ましい若干の記録は、追いつめられ、狂乱せしめられた若い魂の叫び声に外ならぬと考えた。(『きけわだつみのこえ』五–六頁)

戦後の政治意識や倫理観から見て適切性を欠く内容を除外したことの是非は、その後のわだつみ会の中でも議論が続く。

『新版　きけわだつみのこえ』での復元

そして、一九九五年に刊行された『新版　きけわだつみのこえ』（岩波文庫）では、「改訂作業にあたった私たちの恣意を避けて、戦没学生一人ひとりの全体像が再現されるよう細心の注意を払った」（「新版刊行にあたって」四九九頁）というように、戦後の政治意識や倫理観からの取捨選択を弱めようとしたのだった。

たとえば、冒頭に上原良司の手記が置かれているのは同様だが、その内容は「遺書」から「所感」に置き換えられている。そして、その「所感」の書き出しは「栄光ある祖国日本の代表的攻撃隊ともいうべき陸軍特別攻撃隊に選ばれ、身の光栄これに過ぐるもののなきを痛感致しております」というものだ（一七頁）。「所感」は当初から収録されていたが、一九八二年版までは目立たぬところに収録されていた。しかし「新版」では冒頭に置かれた。わだつみ会のなかに、できるだけ死んだ若者たちの思いに忠実であろうとする意思が存在し、その方向での修正が行われていったのだ。

自覚的にこうした方向を目指した安田武のようなわだつみ会メンバーもいた。安田は『学徒出陣――されど山河に生命あり』では、出陣した学徒の心の真実を見極めるために多大な精力を注いだ。

一例をあげる。安田は、『雲ながるる果てに』に「慶應義塾大学　福岡県　二十年四月九日松島航空隊にて殉職、二十四歳」と紹介されている宅島徳光の次のような一節を引く。

静かな黄昏の散策に俺は親しい戦友と共に、美しい牧場や果実園の夢を見る。激しく回転する世の流れの中に、しっとりと落着いたこのように美しい理想郷を夢見ることができるなんて、全く素晴しい。俺はこの素晴しい調和の完成のために、死を賭して戦う者であることを思うと、自分の行為に善美な理論を与え得るということで悦んでいるし、幸福でもある。俺達が死を賭して戦うことの悦びはそこにある。(『学徒出陣』一八五頁)

政治主義を超えて

安田はこれを、次のように受け止める。

だが、戦没学徒兵たちの「戦争協力」は、観念としての、思想としての、イデオロギーとしての国家主義でも、軍国主義でもなかった。(中略) 彼らが、その生存の全体を賭けて、戦争と対決した時、彼らに決死の覚悟を促したものは、(中略) 祖国の山河、その美しいイメージであり、血肉を分けた肉親への愛であり、総じて、それらへ捧げた自己犠牲であった。(一八四―一八五頁)

それに先立って、安田は『戦争体験』で、「極限状況における体験は、私が、自からの体験において、縷々語ってきたとおり、人間の生命、生存そのものへの根源的な問いを含んでいる」(朝文社版、一四四頁)として、次のように述べていた。

わだつみ会は、再出発いらい、次第にその活動範囲を拡げ、それは、徐々に成果を挙げつつあるが、しかし、当の遺族たちの結集、広く戦没者遺族の戦争「体験」の結集ということに関しては、必ずしも成功していない。遺族ばかりではない。わだつみ世代そのものの場合すら、今日、多方面の実社会で活躍する人びとの結集という点では、満足な実績をあげ得ないでいる。おなじ戦争「体験」を共通項としてもつ世代におけるこのような実情を、彼らの「政治的無関心」という側面で論断しようとする、私たちの「政治主義」過剰な発想が、彼らの戦争「体験」を結集して、民族の思想伝統のなかに定着させる道を阻んでいるのではあるまいか。（一四四頁）

安田がこのように述べてから、『新版　きけわだつみのこえ』が刊行されるまでにさらに三〇年ほどがかかっている。

『きけわだつみのこえ』は真実を歪めているとの批判

だが、それでも『きけわだつみのこえ』への違和感は和らげられることはなかった。保阪正康は海軍一四期飛行予備学生で特攻隊員だったが生き残り、「当時、私たち学徒出身者の大半は国家の非常時に直面して勇躍死地に出撃するという使命感に燃えていました」と語る、Yと表記された人物の話を紹介している（『「きけわだつみのこえ」の戦後史』一一〇－一一一頁）。

私自身、死を目前に控えたあの状況の中で、国家のために特攻隊員として一命をお国に捧げるのは男児の本懐と本気で思っていたものです。特攻として散華していった同期生の大半も当時はそう思って死んでいったのです。それは隠しようがない真実といっていいでしょう。ところが、『きけわだつみのこえ』が刊行され、それが大きな反響を呼びベストセラーになることによって、戦没した学徒たちは国家の命令によりいやいや死んでいったというように歪曲して受け止められるようになってしまいました。(中略)一九九〇年代に入ってのわだつみ会の声明文などでは、学徒の死を「犬死」として理解させようと必死なのに驚きました。(二一一頁)

『きけわだつみのこえ』は学徒出陣のエリートたちの手記を集めて編集された。その中に質の高い批判意識をもった者たちがあり、彼らの手記は戦後の政治意識や倫理観と適合的な内容をもっていた。そうした手記を軸として編集することによって、『きけわだつみのこえ』は戦後の民主主義的変革に期待を寄せる人々の強い共感をよぶことができた。だが、まさにそうした特質故に、ある時期から『きけわだつみのこえ』に対する反発が広がっていくようになる。

「わだつみ像」の破壊

そのことを表す一つの例は、一九六九年五月に立命館大学に置かれていた「わだつみ像」が破壊された事件である(『きけわだつみのこえ』の戦後史』第三章)。学内の建物に立てこもっていた立命館大学全共闘の学生たちが、京都府警機動隊によって排除されるときに抵抗の手段として「わだつみ像」を台座から引き離し、首になわをつけてひきずり回した。そのため、像の頭は割れ、腕は折れてしまった。戦没兵士も戦争責任の一端を免れないとし、戦後の進歩的知識人らが掲げた「平和と民主主義」の欺瞞を問うというものだった。
これには共産党系と全共闘系（新左翼系）の対立というような要因もからんでいたと思われるが、当時の大学生たちが『きけわだつみのこえ』やそれと結びついた運動に、エリート的教養主義と結びついた戦後民主主義のうさん臭さを感じたということが一因だったと思われる。少なくとも、当時、全共闘運動の只中にいた私自身はそのように感じた覚えがある。わだつみ像は一九七六年に再建立され、今も立命館大学国際平和ミュージアムに置かれている。毎年一二月八日に「不戦のつどい」とよばれる集会が行われているが、この像が一九六九年にこうむった傷の記憶は『きけわだつみのこえ』がもたらす不協和音と不可分のものとなっている。
この一九六九年には、靖国神社創立百年の奉祝大祭が行われた。その際、靖国神社は日本遺族会や戦友団体等によびかけて、戦没兵士らの遺稿、六一七名、一一九六点を集めた。そして、一九七三年に非売品として、『遺稿集』を刊行している。

靖国神社創立百年と『遺稿集』

たとえば、そこには「神奈川県（中略）海軍一等兵曹。昭和十九年十月二十四日比島方面にて戦死。二十二歳」と紹介された木内如雄の両親への手紙も掲載されている。

父上様　母上様
日本のものは　すべてが　天皇の御物でございます　山川草木　森羅万象はもとより吾人の生

命にいたるまで一切が陛下の御所有に属します／それ故に陛下の御必要とあらば何時如何なるものでも捧げつくしてつゆ悔ひないのが日本人であります　そしてそれによって　陛下の御心に帰一することによって永遠の生命が与へられるのだと信じます。（靖国神社社務所編集兼発行『遺稿集』五四二頁）

こうした遺稿は一九六六年に『文藝』誌に掲載された三島由紀夫の『英霊の聲』を思い起こさせる。そこには、死者の霊を呼び寄せ語らせる儀礼の場が描き出されている。そこでは神風特別攻撃隊の兵士たちがその思いを語っているが、最後に一九四六年一月一日のいわゆる「天皇の人間宣言」（新日本建設に関する詔書）に対する死者たちの無念の言葉が述べられている。

……今われらは強いて怒りを抑えて物語ろう。／われらは神界から逐一を見守っていたが、この『人間宣言』には、明らかに天皇御自身の御意志が含まれていた。天皇御自身に、／『実は朕は人間である』／と仰せ出されたいお気持が、積年に亙って、ふりつもる雪のように重みを加えていた。それが大御心であったのである。／忠勇なる将兵が、神の下された開戦の詔勅によって死に、さしもの戦いも、神の下された終戦の詔勅によって、一瞬にして静まったわずか半歳あとに、陛下は、／『実は朕は人間であった』／と仰せ出されたのである。われらが神なる天皇のために、身を弾丸となして敵艦に命中させた、そのわずか一年あとに……。（河出文庫版、六五－六六頁）

この死者の声は最後に「御聖代がうつろなる灰に充たされたるは、人間宣言を下されし日にはじまった。すべて過ぎ来しことを『架空なる観念』と呼びなし玉うた日にはじまった。／われらの死の不滅は瀆（けが）された。……」と結ばれている（六七頁）。

反戦、殉国、戦争責任……

木内如雄の手紙や『英霊の聲』の特攻隊員の声に表されたような悲嘆は、「神聖な戦死」を惜しみ、その思いが分かち合われないことを怒り嘆く気持ちと結びついている。このような「殉国」への悲嘆のあり方は、『きけわだつみのこえ』や映画『きけわだつみの声』からは排除されていた。そこでは、「学徒兵・特攻隊員は『反戦』の『正しさ』を内面に持ちつつ、最終的に戦争の犠牲になった者として描かれていた」と福間良明は述べている（『殉国と反逆』六二頁）。

また、読者・観衆もそうした姿に涙した。特攻・学徒兵の最期は「殉国」には遠く、戦争批判の念を抱きながら戦場に斃（たお）れた「不本意な死」であった——それが、この当時の認識であった。ところが、その後、特攻イメージは変質し、「純粋な真情」の「美しさ」に人々は惹かれるようになっていった。このような「正」から「美」への転換の契機は、占領終結に伴い、「反戦」の政治主義が相対化されたことにあったが、それはあくまで契機であって完結ではなかった。（中略）その後、朝鮮戦争が休戦し、米ソの「平和共存」がうたわれるなど、戦争に巻き込まれる懸念が低下するようになってはじめて、人々は特攻隊員の「真情」「殉国」の「美」に浸ることができるようになった。（同前）

一九六〇年代には「殉国」の「美」に共鳴する人々がますます増加し、『英霊の聲』のような作品が話題をよび、一九六九年から七四年にかけて靖国神社国家護持法案が度々国会に提出されるようになる。そこに含まれた戦没者への悲嘆の念と『きけわだつみのこえ』に託された戦没者への悲嘆の念とはまったく相容れないものと感じられるようになる。「わだつみ像」の破壊に共鳴するような人々は、その両者とも異なる立ち位置から戦争を振り返ろうとする。

アジア・太平洋戦争の死を思い、悲嘆を分かち合うことの困難は学徒兵や特攻隊員の場合にとりわけ顕著に現れた。だが、国民社会が戦争死者たちの死を思い、ともに頭を垂れる気持ちになれないという事態は、敗戦とともに生じていた。「天皇の人間宣言」はそうした連帯の困難を象徴する文書でもあった。

悲嘆の共同性と共生という課題

日中戦争やアジア・太平洋戦争の死者たちへの追悼を悲嘆の共同性という観点から振り返ると、そこに大きな困難が横たわり、分断や四分五裂によって「ともに悲嘆を生きる」ことができにくくなって今日に至る歴史が見えてくる。明治期から一九六〇年代頃までは、多様な出自・属性や生活様態、考え方によって死者を思うあり方が異なり、悲嘆を共有できないという事態が目立つことはなかった。「国民」の一体性が強かった時代である。しかし、二〇世紀の最後の四半世紀以後、そしてグローバル化が進む二一世紀に入ってからはそうはいかなくなっている。

戦争をどう振り返るかというような問題に限られない。現代社会では個々人が置かれた立場が異なり、どのような死別や喪失であるにせよ、まずは孤独な悲嘆に苦しむことを当然と考えてよいような社会環境が広まっている。多様性を意識し、異なる個人同士という前提をさしおいて、悲嘆の共同性をよびさまそうとしても無理がある。お互いの悲嘆が胸に閉じ込められてしまう孤独を避けられないことを踏まえて、悲嘆に向き合うことが求められている。

このような歴史的文脈においてグリーフケアを捉え返すことが本書の主題の一つである。悲嘆のなかにある孤独な個々人がどのように気持ちを分かち合う場や関係をもちうるのか、これを問うことがグリーフケアの主要な課題となっていることがわかるだろう。グリーフケアは個々人の心に分け入っていく「この世界の片隅」の事柄であるとともに、共生のあり方を問う倫理学的、社会構想的な企てでもある。

参考文献

小田部雄次他『キーワード日本の戦争犯罪』雄山閣、一九九五年
川口友万「【終戦の日】靖国神社で激突『売国奴』『天皇制やめろ』怒号渦巻く」デイリーニュースオンライン、二〇一五年八月一九日
http://news.livedoor.com/article/detail/10484848/　二〇一八年一一月五日閲覧

松谷みよ子・文、司修・絵『まちんと』偕成社、一九七八年
こうの史代『この世界の片隅に』上・中・下、双葉社、二〇〇八－二〇〇九年
東大学生自治会戦歿学生手記編集委員会編『はるかなる山河に――東大戦歿学生の手記』東大協同組合出版部、一九四七年
日本戦没学生記念会編『新版　きけわだつみのこえ――日本戦没学生の手記』岩波文庫、一九九五年
日本戦歿学生手記編集委員会編『きけわだつみのこえ――日本戦歿学生の手記』東大協同組合出版部、一九四九年、岩波文庫、一九八二年
保阪正康『「きけわだつみのこえ」の戦後史』文藝春秋、一九九九年、文春文庫、二〇〇二年
わだつみ会編『戦没学生の遺書にみる15年戦争――開戦・日中戦争・太平洋戦争・敗戦』光文社カッパブックス、一九六三年（改題日本戦没学生記念会編『第2集　きけわだつみのこえ』光文社カッパブックス、一九六六年）
白鷗遺族会編『雲ながるる果てに――戦歿飛行予備学生の手記』日本出版協同、一九五二年
福間良明『殉国と反逆――「特攻」の語りの戦後史』青弓社、二〇〇七年
安田武『学徒出陣――されど山河に生命あり』三省堂新書、一九六七年、三省堂選書（新版）、一九七七年
同『戦争体験』未来社、一九六三年、朝文社、一九九四年
靖国神社社務所編『遺稿集』靖国神社社務所、一九七三年
三島由紀夫『英霊の聲』河出書房新社、一九六六年、河出文庫（オリジナル版）、二〇〇五年

第8章　悲嘆を分かち合う形の変容

葬送の宗教文化

日本で「ともに悲しむ」営みを支えてきた文化装置として、お通夜、お葬式や法事などの葬祭、また、お盆やお彼岸などの季節行事があることについては異論がないだろう。前章で見たように、第二次世界大戦後、日本では「国民」のレベルで「ともに悲しむ」ことの困難を感じる機会が増えてくる。では、葬祭や季節行事ではどうだろうか。

江戸時代以来、日本の葬祭は主に仏教寺院と僧侶を媒介としてなされてきた。キリシタン禁制とともに江戸幕府が定めた宗門改め制によって、ほぼ全国にわたって住民が寺院の檀家となることが強制された。それが行えるだけの仏教寺院が、すでに全国に分布していたという事態が前提となっている。この檀家制度によって、人々は葬儀や法事で、またお盆などの季節行事で、人が死ぬと僧侶にお経をあげてもらい、戒名や法名をつけてもらい、定期的に仏事（法事）に参加することが自然と感じるようになった。僧侶にとっては、葬祭や死者・先祖を対象とする季節行事で仏事を営むことが主要な寺院活動となっていった。
死と死者をめぐる伝統仏教のこのような活動がグリーフワークの場として、あるいは人々の「喪の仕事」を助ける場として機能してきたことも確かなところである。第二次世界大戦後には、そこに新たに御詠歌講が加わった。御詠歌講はかつては念仏講などとよばれて、寺院とは独立して行われていた民俗宗教的な儀礼だった（拙稿「第二次世界大戦後の仏教教団と御詠歌講――東北地方の曹洞宗梅花講」）。大正期頃からこれが仏教寺院と連携して行われるようになる。早いものは高野山真言宗の金剛流であり、次いで新義真言宗の密厳流がある。民間で行われていた念仏講・観音講等の御詠歌や御和讃を、それぞれの宗派が取り込んで宗派ごとに流派の名前を冠して組織したのである。

御詠歌講と死別の悲嘆

曹洞宗の梅花流は第二次世界大戦後に始められたものだ。戦争で夫や息子などを失った女性が参加することが多かった。最大の規模を誇ったのは、一九八〇年代の末頃であり、講員一八万人を数えたという。その梅花流でもっとも人気があった演目の一つが「追弔御和讃」である。その歌詞は以下のようなものだ。

その名を呼べばこたえてし／笑顔の声はありありと
今なお耳にあるものを／おもいは胸にせき上げて
とどむるすべをいかにせん／溢るるものは涙のみ

立ちては昇りのぼりては／哀しく薫(く)ゆる香(こう)の香(か)に
かずかず浮かぶ思い出よ／供えし花はそのままに
霊位(みたま)の座をばつつむなり／清きが上に清かれと

一世(ひとよ)の命いただきて／会うことかたき勝縁(えにし)をば
夢幻(ゆめまぼろし)となどかいう／うつつの形(かげ)は消ゆるとも
うつろうものか合(か)わす掌(て)に／契りて深き真心は

戦後の仏教寺院や葬祭では、こうした御和讃を歌い聞くことで悲嘆を分かちもつことができる場面がしばしば生じた。歌詞には仏教色、宗派色が盛り込まれている。しかし、このような歌を詠じながら悲嘆をともにするという営みは、むしろ民俗信仰につながりが深いものである。

お盆の仏教的意義と民俗信仰

死者との交わりが重要な意義をもつ日本の民俗行事は多い。たとえば、「お盆」の行事がそうよばれるのは、仏教の「盂蘭盆会(うらぼんえ)」に由来する。『広辞苑』（第六版）では、まず語源について、「梵語 ullambana 倒懸と訳され、逆さ吊りの苦しみの意とされるが、イランの語系で霊魂の意の urvan とする説もある」と述べ、語義を以下のように説明している。

盂蘭盆経の目連説話に基づき、祖霊を死後の苦しみの世界から救済するための仏事。陰暦七月一三日〜一五日を中心に行われ、種々の供物を祖先の霊・新仏・無縁仏（餓鬼仏）に供えて冥福を祈る。一般には墓参・霊祭を行い、僧侶が棚経にまわる。

「盂蘭盆経」というお経に記されている目連説話というのは、お釈迦様の弟子であった目連が、亡くなった実母の青提女が天上にいるものと思い、天眼で見ようとしたところ、実は餓鬼界に堕ちており、地獄のように逆さ吊りになって苦しんでいるのがわかった。目連が供物を供えたところすぐに燃え尽きてしまう。そこでお釈迦様に相談すると亡者を救うための秘法を授けてくださった。目連がその秘法を行うと、青提女は歓喜の舞を踊りながら昇天したというものだ。

だが、お盆の習俗を行っている人々の多くは目連説話を知らないし、盆行事がどのような仏教の教えによるものかあまり考えてもいないだろう。民俗学では盆行事は地域社会で伝統的に行われてきたもので、仏教の関わりは時代が下ってから生じたものと捉えてきた。『民俗小事典　死と葬送』（新谷尚紀・関沢まゆみ編）の「新盆」の項目を見てみよう。以下のような書き出しである。

死後一年以内あるいは三年以内の新しい仏の霊を迎えてまつる盆。ニイボン、アラボン、シンボン、ハツボン（初盆）など、呼称はさまざまである。死後何年も経過した先祖の霊は盆月の十三日から十五日ころまでまつるのに対して、新盆の場合はそれより長く、かつ丁寧にまつることが一般的である。新仏が帰って来る時の道しるべとして、盆月の一日か七日に親戚や近隣が集まって家の前に高燈籠を立てるが、これを二十日過ぎ、あるいは晦日まで立てておく。切

子燈籠を軒先に吊るす地方もある。濃い親戚から家紋の入った岐阜提燈などが贈られ、祭壇の前に飾る地方も多い。(二四二頁)

死者・先祖への信仰とお盆行事

ここで「新仏」とか「新しい仏」とされているのは、死者のことであり、むしろ「先祖」のうちの新しい存在ということになる。ここには「迎え火」についての記述はないが、この事典には別に「迎え火」の項目もあり、「盆に先祖を迎える時に焚く火をいい、各家で行う迎え火と、地域共同で行う迎え火がある。各家で行う迎え火の材料は、麻幹、松の根、松葉、ヒノキの皮、シラカバの皮、麦藁など地域によって異なり、それを焚く場所も家の前(カド)、精霊棚の足下、墓前、辻、橋のたもと、川原、海辺などさまざまである」と記されている(二四四頁)。これらを見る限り、盆行事の主要な部分は、僧侶や仏教寺院の関与なしに行われており、仏壇がある場合、そこに新仏を祀る場合もあるというぐらいだ。施餓鬼や墓参りがあり僧侶や仏教寺院との関わりが大きい場合もあるが、それでもさまざまな行事の主体は家と村落共同体である。『民俗小事典　死と葬送』の「新盆」の項の後半には、以下のように述べている。

盆の期間中に親戚や近隣が素麺・砂糖などの供物を持って新盆見舞いに訪れるが、この時に「新盆でお淋しいことです」と挨拶する。これは新盆以外の家々が、「結構なお盆でおめでとうございます」と挨拶を交わし合うことと対照的である。盆の間に行われる大念仏・火祭・精霊舟・燈籠流しなど地域共同の行事は、新盆の家を中心にして行われることが多い。このように親戚や近隣が新盆見舞いに訪れたり、地域共同で祭祀することについては、死者に対する哀慕の情からばかりでなく、新しい精霊は荒々しく祟り（たた）やすいため血縁・地縁の人々によってまつり慰める必要があるからと考える説もある。（二四二－二四三頁）

盆行事はもともと先祖の霊を慰め尊ぶ民俗信仰の性格が色濃い。ただ、新盆ではまだ先祖に数え入れられる前の死者の霊や無縁仏のためにも祈ろうとするわけだから、先祖祭祀と限定するのは狭い捉え方だ。仏教はこのような民俗信仰の世界にかぶさるようにしてその内容を仏教の枠内に取り込もうとしてきた――民俗学者はこのように捉えてきた。

死霊・祖霊の民俗信仰と仏教

先ほど引いた御詠歌講もそのような歴史の新たな展開と見ることができる。地域社会の念仏講や地蔵講や観音講の女性たちが、あるいは巡礼に加わる人たちが御詠歌を唱えてきたのも、もとはといえば仏教の影響があり、僧侶の指導があったのだろう。だが、次第に在家の農民や町人の信徒団体ができ、半ば自立することとなった。浄土真宗のように、仏教宗派によってはそれらは仏教の枠外のことと捉えることもあった。二〇世紀に入って、新たに仏教諸宗派が御詠歌講を寺院活動のうちに取り込む動きが出てきた。そのなかでは死者への祈りの側面がかなりの大きさを占めている。梅花流は各宗派それぞれがもつ御詠歌講の曹洞宗版で第二次世界大戦後に急成長をとげたものだ。

お盆行事では仏教に取り込まれきってはいない民俗信仰的な要素が目立つ。他方、葬祭、すなわち葬儀や法事となると仏教の要素が主体である。だが、死者や先祖に対する信仰行事として、これらの行事をすべて合わせるとかなり大きな文化要素となる。第二次世界大戦後に至っても、日本人はこうした形で悲嘆を分かち持つための実践体系を保持していたと言えるだろう。

京都帝国大学で歴史学を学び、同志社大学・佛教大学で日本文化史・宗教民俗学を教え、かつ京都府亀岡市の浄土宗寺院の住職を務めた竹田聴洲（一九一六－一九八〇）は、一九五七年に刊行された『祖先崇拝——民俗と歴史』で次のように述べている。

盆が祖霊の祭であることは誰の目にも明らかであるが、之は濃厚な仏教的着色を蒙り、かつ後々の暦の変化によって、七月十五日を中心とした本来の姿とは著しく違ったものになっている。しかしその核実となっているものはいわゆる仏説盂蘭盆経（うらぼんぎょう）の説く処とは全く関係のない日本固有の信仰要素なのである。（一〇八頁）

祖先崇拝と追善回向

ここで「日本固有の信仰要素」と言われているが、これは柳田國男が唱えた「固有信仰」としての祖先崇拝という説に従ったものだ（拙著『日本人の死生観を読む——明治武士道から「おくりびと」へ』）。「固有」という語には、他からの影響を受ける前からもっていて、かわることなく続いてきた日本の信仰や文化の中核といった意味合いがある。その内容は、竹田が簡潔にまとめているところによれば、「常は山にあって子孫の生活を看護している祖霊は、年間一定の時期に子孫のもとを訪ねて歓会を共にするとせられた。その最も際立った機会が正月と盆に外ならない」(『祖先崇拝』一〇七頁)ということになる。正月の行事は文字暦が普及して、年始めの行事という性格が強くなってきているが、元来は盆行事と同様に祖先崇拝という「固有信仰」の行事だったと見る。

即ち盆も正月も共に外から家を訪れて来る者を迎え祭る儀礼であるが、この迎えられるものは正月ではトシガミサン(年神サン)・トシトクサン(歳徳サン)・正月サン・トシジイサン、盆にはオショライサマ(御精霊様)・センゾサマ・盆サマであり、迎える方式としては、暮の松迎えに対して盆の盆花迎えがある。正月松・盆花ともにいずれも祖霊の依代(よりしろ)であるが、ともに山から迎えなくてはならぬものとされ、ことにもとは特定の山の聖地から入手すべきものとした痕跡があるのは、祖霊の常の在所が何処であるかを問わず語りに示している。(一〇八―一〇九頁)

日本では、仏教とは異なる民俗信仰が根強く生きてきた。死者祭祀や祖霊信仰はその中核にあるものだ。柳田國男以来の民俗学ではそう捉えてきた。そうなると、葬儀や法事において大きな宗教的役割を果たす仏教の信仰は、民俗信仰の上に被さったもので付随的なものということになる。祖先崇拝にあたる信仰行事を仏教にのっとって行うと「追善回向」ということになる。仏の供養をすることは功徳を積むことだが、それをすでにこの世の生を終えた死者に、また先祖に振り向けること、これが追善回向である。

葬式仏教の追善回向行事

曹洞宗の寺院の出身で東京帝大で歴史学を学び、東京帝大史料編纂所や駒澤大学等で研究教育にあたった圭室諦成（たまむろたいじょう）（一九〇二－一九六六）という学者がいた。その圭室諦成が一九六三年に刊行した『葬式仏教』は「葬式仏教」という語に学術的な基礎づけを行った著作である。日本では、死者や祖霊への民俗信仰が仏教の追善回向の形をとるようになり、それが仏教の主要な活動の形態となっていったことを跡づけた書物である。

日本においては、新亡の霊をアラミタマといい、たたりの可能性をもつ危険な霊と考えた。そしてそれがミタマという祖霊に帰一するまで、遺族は厳重なアライミに服する民俗があった。この民俗とむすびついて、仏教の中陰仏事は伸びている。また祖霊に帰一したミタマを、年二回まつる民俗があった。この民俗にむすびついたのが、盆行事である。現在、仏事・盆行事などに、仏教では説明のつかない部分がおおいのは、そうした民俗がつよく残っているためである。（一四二頁）

これは論旨の要約の箇所からの引用だが、圭室は続いて追善仏事が長く続くという日本の特徴にふれる。「インドにおいては中陰、つまり七七四十九日まででであった。中国において百カ日・一周忌・三年忌が加えられて十仏事の型ができ、それが日本に伝えられた」（同前）。日本では、さらに十三仏事・十五仏事と増える。一二世紀から一四世紀にかけて、七年忌・十三年忌・三十三年忌が加えられ、一六世紀になると十七年忌、二十五年忌も加えられ十五仏事となる。また、生前にそれらを修する「逆修(ぎゃくしゅ)」も行われるようになった。こうして追善仏事やその他の仏教行事が整っていって葬式仏教(葬祭宗教)として定着するのは、戦国時代から江戸時代初期にかけてだ。

なお健在な葬式仏教

圭室は葬式仏教が日本の津々浦々に広まり定着していく過程について論じ、次のように要約している。

> 現在の寺院分布の大筋は、一四六七年から一六六五年にいたる約二〇〇年のあいだに、できあがっている。その間、各宗の伝道者たちは、血まなこになって農村に足がかりをもとめた。神社・辻堂・墓堂・持仏堂などの、既存の宗教施設、また宮座・堂座などの信仰宗団を利用して、郷村の秩序のなかに食いこんだ。その場合、忘れてならないことは、①庶民との接触面が、葬祭を主とするものであったこと。②葬祭宗教としてすぐれている浄土・禅の諸宗が伸びていること。③他宗も葬祭仏教化することによって、辛うじて郷村の宗教化しえたこと(ママ)。④葬祭を中軸に、寺檀の関係が強化され、寺院経済が安定したこと。などである。／こうした新しい事態を、正しく評価した江戸幕府は、檀家制度としてこれを法制化し、封建支配のために利用することを考えた。そのことは一見、仏教にとって有利な取りひきと判断された。(二一〇頁)

こうして一七世紀の前半に葬祭仏教の基盤が確立し、仏教寺院と僧侶が死霊・祖霊の祭祀を担うという事態が続いてきた。一九世紀の半ばすぎには神仏分離・廃仏毀釈があり、葬祭仏教の基盤がいくぶんか揺らぐこととなった。教派神道やキリスト教の広まりは、葬祭仏教の基盤を侵食することともなったが、部分的なものにとどまった。「葬祭と仏教のむすびつきは堅く、この面だけは、神道の猛攻撃にもかかわらず、ほとんど痛手をうけていない」（二一〇頁）。「（島薗注：明治維新から）約一〇〇年、葬祭宗教としての仏教の地位は、依然として牢固たるものである」（二九一頁）

死霊・祖霊信仰こそ日本の固有信仰

そこで、圭室の結論は以下のようになる。

維新以後の仏教の活きる路は、葬祭一本しか残されていない。そして現在当面している課題は、古代的・封建的な、呪術的・祖先崇拝的葬祭を精算して、近代的な、弔慰的・追悼的な葬祭儀礼を創造することである。（二一〇頁）

圭室は葬式仏教の現状が好ましいと見ているわけではない。だが、それが伝統仏教教団の強固な存在基盤となっていると見ている。そしてその現実を直視して、新たな葬式仏教を展開すべきだと主張しているのだ。

一九五〇年代、六〇年代には、葬式仏教が死霊・祖霊祭祀を担って、堅固な役割を果たしていると考えられていた。竹田聴洲の『祖先崇拝』（一九五七年）と圭室諦成の『葬式仏教』（一九六三年）は、そうした状況を反映した著作といってよいだろう。

両者の見方は、死霊・祖霊信仰こそ日本の固有信仰だという柳田國男の、また、多くの民俗学者の見方と軌を一にしている。その上に乗っかった伝統仏教は、仏教本来の働きからはずれている。だが、固有信仰と合体している限りにおいて、人々に受け入れられて築いてきた地位を維持しているのではないか。そこには、死霊・祖霊信仰を中核とする固有信仰そのものが崩れていくという危機感は目立つように表現されてはいない。

『先祖の話』で問おうとしたこと

竹田聴洲や圭室諦成が自説の基礎としていた柳田國男自身は、戦争末期の一九四五年の四月から五月にかけて、この問題を問う論考を書き連ね、一九四六年の四月に『先祖の話』との題で刊行した。一九四五年一〇月二二日の日付が付された「自序」では、この書物の主題が日本人にとっての「家」と「霊魂」であること、それこそ民族の精神生活の核であり、それを適切に認識して、新たな時代に向けた指針を導き出すべきことが描かれている。そして、それは敗戦間近の日本において、死者の霊魂の行方に関わるものであることが示唆されている。

このたびの超非常時局によって、国民の生活は底の底から引っかきまわされた。日頃は見聞することもできぬような、悲壮な痛烈な人間現象が、全国の最も静かな区域にも簇出（そうしゅつ）している。その片端だけがわずかに新聞などで世の中へ伝えられ、私たちはまたそれを尋ね捜しに地方をあるいてみることもできなかった。かつては常人が口にすることをさえ畏（おそ）れていた死後の世界、霊魂はあるかないかの疑問、さては生者のこれに対する心の奥の感じと考え方等々、おおよそ国民の意思と愛情とを、縦に百代にわたって繫ぎ合せていた糸筋のようなものが、突如としてすべて人生の表層に顕（あら）われ来たったのを、じっと見守っていた人もこの読者の間には多いのである。（「先祖の話」『柳田國男全集』13、ちくま文庫、一二頁）

必ずしもわかりやすい内容ではないが、ここで柳田が示唆しているのは、「玉砕」や「特攻」による死が賛美される一方、沖縄戦で多くの住民が巻き添えになったり、空襲で生死の境を彷徨（さまよ）ったりするような事態のことだろう。生き残った人々は深い悲嘆とともに死者の霊を身近に感じる経験をしていたに違いない。

敗戦前後に霊魂の行方に対する問いが、多くの人々によってリアルに問われた。それを的確に深めていくには、家や死者・先祖についての日本人の考え方を明らかにしていく必要がある。そこからこそ、将来の日本人を支えるべき信念の手がかりが得られるだろう。「自序」ではこのような考え方が述べられている。

子孫なき死者の霊をどう祀るのか

この書物は八一の節から構成されているが、その最後の八一節は「二つの実際問題」と題されている。そこで最初に取り上げられているのは、「家の永続」と「縦の団結」についての問いである。

もとは他国へ出て行って働くにも、やがては成功して故郷に還り、再び親類や故旧の間に住も

> うという者が多かったようだが、最近になって人の心持はよほど改まり、何でもその行く先の土地に根を生やして、新たに一つの家を創立しようという念願から、困苦と闘っている人たちが日に加わっている。すなわち家の永続は大きな問題とならざるを得ない。（二〇七頁）

移住が増えてくると、故郷が当たり前のものではなくなってくる。そのような状況においても、なお「家の永続」を信じることができるか。それは大切な人を失った悲嘆の向こう側にある何かを実感することができるかどうかという問いにつながっている。

> 淋しいわずかな人の集合であればあるだけに、時の古今にわたった縦の団結ということが考えられなければならぬ。未来に対してはそれが計画であり遺志であり、また希望であり愛情である。ことごとく遠い昔の世の人のした通りを、倣（なら）うということはできない話だが、彼等はどうしていたかというまでは、参考として知っておくのが強味である。古人は太平の変化少なき世に住んで、子孫が自分の先祖に対するのと同一の感じをもって、慕い懐かしみ迎え祭るものと信ずることができた。（中略）日本のこうして数千年の間、繁り栄えて来た根本の理由には、家の構造の確固であったということも、主要なる一つと認められている。そうしてその大切な基礎が信仰であったということを、私などは考えているのである。（二〇七－二〇八頁）

この最後の部分では、「家の永続」と「縦の団結」が「信仰」と不可分であることが示される。そして、第二の「実際問題」はより具体的な死者の弔い方の問題に移っていく。「それから第二段に、これも急いで明らかにしておかねばならぬ問題は、家とその家の子なくして死んだ人々との関係いかんである」。多くの兵士や若者が先祖になることなく死んだ。これらの人々の霊を「仏徒のいう無縁ぼとけの列に、疎外しておくわけには行くまいと思う」(二〇八頁)。子孫を残さずに死んだ人たちの霊をどう祀り続けるのか。子孫がいない戦死者たちの遺族の悲嘆は「固有信仰」の枠組みでケアすることができるのだろうか。こんな問いを投げかけて、『先祖の話』は結ばれている。

仏教寺院と悲嘆をともにする文化

先にふれたように戦後、伝統仏教各宗派で御詠歌講が広められていった。御詠歌講の主要な担い手は三〇代以降の女性たちである。そこでは若いうちに死んでいった兵士・軍属や空襲による死者たちをしのび、悲嘆をともにする機会も少なくなかったことだろう。伝統仏教各宗派は死者祭祀・先祖祭祀に通じるような、悲嘆をともにする活動を寺の活動のなかに取り込んでいったのだ。このように捉えると、戦後の御詠歌講は葬式仏教の領域を拡充するような働きをもっていたと捉えることができるだろう。

確かに葬式仏教は、第二次世界大戦後も三〇年ほどの間は、悲しみをともにするための文化装置として盤石の力をもっているように見えた。そしてそれは、柳田國男のいう日本の「固有信仰」が堅固に存在し続けると感じられていたことによる。この固有信仰論を踏まえて一九五七年刊の『祖先崇拝』で、竹田聴洲は次のように述べていた。

祖先崇拝は日本人の生活と思想に密着してその全面を覆うているだけに、徴証は彼らの生活文化の至る所に隠顕し、簡単にその全貌や本体を捉えるには余りにも錯綜した姿を呈している。道徳・宗教・思想・法律・経済・社会組織その他日本人のいずれの生活部面をとっても、直接間接これと関係をもたないものはないといっても過言ではない。（四頁）

また、一九六三年刊の『葬式仏教』において圭室諦成が「葬祭宗教としての仏教の地位は、依然として牢固たるものである」（二九一頁）と述べていたことは先に記したとおりである。竹田や圭室は柳田國男が捉えたような日本の「固有信仰」は揺るぐことなく、今後も受け継がれていくと信じていたように見える。もしそうであるとすれば、日本の「ともに悲嘆を生きる」宗教文化もまた盤石であり続けるはずである。

「寺院消滅」の時代

『葬式仏教』の刊行から五〇年余りを経た二〇一五年、鵜飼秀徳『寺院消滅――失われる「地方」と「宗教」』が刊行された。竹田や圭室と同じく寺に生まれて僧職の資格もとった鵜飼だが、「サラリーマン記者」としてこの書物を著した。今もお盆には自分が生まれた京都の寺で檀家さんを回って棚経をあげる手伝いをしているという。その鵜飼は『寺院消滅』の「おわりに」に、こう書き留めている。

京都のお盆は「五山の送り火」をもって、静かに終わる。送り火はお盆に戻ってきたご先祖様を、あの世に送り届ける宗教行事として、古（いにしえ）より京都人の手で受け継がれてきた。私もまた、天を焦がす炎に〝送られる〟ようにして古都を去り、世俗に戻るのが恒例になっている。お盆が終われば次の一年の始まり。まるで新年を迎えたような清々しい気持ちになる。／その「五山の送り火」が、かすみ始めている。将来、寺や墓が消え、「先祖との再会」が失われれば、送り火はただの「山焼き」になってしまう。（二六八－二六九頁）

鵜飼は今はお寺とともに行われているお盆行事が薄れていき、祖先を迎え送るという意識も失われていくのではないかと危惧している。過疎地でお寺の存続が危ぶまれているが、都市でもお寺と檀家との関係が薄まっている。圭室が盤石と考えていた葬式仏教の基盤が掘り崩されているのだ。

では、このような変化はいつ、どのようにして起こったのか。鵜飼は全国のさまざまな事例を描き出しながらその変化を明らかにしようとしているが、「おわりに」では以下のように要約している。

敗戦は国家を解体したが、全国の寺院にも強烈な一撃を与えた。ＧＨＱが主導した農地改革だ。寺院の経済基盤だった農地がことごとく小作人に払い下げられ、寺は困窮した。しかし、にわかに到来した高度経済成長・バブル景気が寺院経営を下支えし、仏教界は生き長らえることができた。／だが、いわゆる「失われた二十年」で寺院を取り巻く状況は一変した。地方から都市への人口の流出、住職の高齢化と後継者不在、檀家の高齢化、布施の「見える化」、葬儀・埋葬の簡素化など、社会構造の変化に伴う問題が次々に浮上。全国では空き寺が急増し、寺院の整理・統合の時代を迎えようとしている――。（二六七頁）

「失われた二十年」というのは、日本経済の安定成長期が終わった後、一九九一年三月からの約二〇年を指す。この時期が急速に伝統仏教寺院の危機が実感されるようになった時期だ。これは寺院経営が困難になっていく過程についての記述だが、それは葬式仏教の基盤をなす死者祭祀・祖霊祭祀とそれを支える心意の後退ということも含まれている。

祖先崇拝の意識の後退

『寺院消滅』には、各宗派が行っている寺院や檀家を対象とする実態調査が収録されている。曹洞宗が二〇一二年に行った「檀信徒意識調査」では、自分が死ぬ時、「仏式の葬儀をしてほしい」という人の割合が、高齢期(六五歳以上)では九〇パーセント近くなのに対して、成人期(三〇～六四歳)では六〇パーセントを超えるぐらい、青年期(～二九歳)では五〇パーセント未満にとどまっている(二五四頁)。

小谷みどりの『〈ひとり死〉時代のお葬式とお墓』によると、遺骨が引き取られないケースが増えているという。

大阪市は、火葬後、身元がわかっても引き取られない遺骨は火葬場で一年間安置した後、市営霊園の無縁堂に移している。一九九〇年には生活保護受給者の遺骨だけで二二七体を引き受けた(行旅死亡人、それ以外の引き取り手がない遺骨などを入れると三三六体)が、二〇一五年には一七六四体(同二〇三九体)と八倍近くに増加している。二〇一五年の行旅死亡人は七五人だ

ったので、生活保護受給者でも行旅死亡人でもないのに、引き取り手のない遺骨は二〇〇人分もあった。(二六一頁)

ともに悲嘆する人々が出てこない死者である。そこに死者がいるのに、誰も悲嘆することなく遺体が処分されていく事態となっている。一九四五年に柳田國男が恐れていた事態が、七〇年後に露わになってきたかのようである。

「家」への所属感が後退しており、「〇〇家」の先祖になるという意識も薄れているようだ。小谷は二〇一四年に六〇歳から七九歳までの配偶者がいる男女を対象としたアンケート調査の結果を紹介している。それによると、夫婦は同じお墓に入るべきかたずねると、「そう思う」が五四・七パーセント、「まあそう思う」とあわせると八二・一パーセントになる。ところが、現在の配偶者と同じお墓に入りたいと思っているかどうかをたずねると、「入りたい」と答える人は男性では六四・七パーセントだが、女性では四三・七パーセントだった。そして、入りたくないと考えている女性は二割近くに達する。小谷はこう述べている。

長男である夫と結婚した女性にとって、夫と同じお墓に入るということは、夫の先祖と同じお墓に入るということでもある。しかし核家族や夫婦単位の家族という考え方があたりまえになった昨今、「これはおかしい!」と声をあげる女性たちが出てきた。夫の先祖との「同居」を忌避(きひ)する〈脱家墓タイプ〉は、脱家意識の延長で誕生したともいえる。(一〇六－一〇七頁)

この調査対象の他に、子どもがいない人や独身の人なども少なくない。これらの人々にとっては家意識も祖先として信仰されることも縁遠いものと感じられるだろう。柳田國男が「固有信仰」と述べた信仰になじみを感じない人々が増えてきていることを示す調査結果である。

尼僧、飯島惠道の歩み

こうした状況を踏まえ、悲嘆をともに生きる場を求めて、葬祭仏教の枠を超えて新たな方向に動きだす仏教者も増えてきている。『寺院消滅』では尼僧の飯島惠道(けいどう)の歩みが描かれている。飯島の実母は出産後、「育てられない」と言い残して、助産院から姿を消した。引き取ったのは東昌寺の尼僧住職(当時四二歳)とその養女でのちに住職を引き継ぐ尼僧(当時三〇歳)だった。飯島はこの養祖母と養母に育てられた。

東昌寺は尼寺で、その財政は男性住職寺院の仏事の手伝いが主なものだった。だが、養母は飯島が尼僧として一生を歩むことを強いることはなかった。

飯島さん自身、幼い頃、尼僧になることに迷いは持っていなかった。だが、成長するにつれ、「社会経験を踏まずに仏道に入ることへの逡巡(しゅんじゅん)が生まれ始めました」とも振り返る。/一般社会への憧れは、高校時代、腎臓病を患って信州大学病院に入院したことで芽生え始めた。病院には信州大学医療技術短期大学が併設されていて、看護師に興味を抱くようになった。高校卒業後はこの医療短大に進学した。/「大学では、それまで知らなかった世界や情報に触れ、楽しくて仕方がなかったです。他県出身の友達もできて、尼僧以外の人生もありかなと思い始め

ました。『このまま病院に就職すれば、お寺に入るまでの期間を先延ばしできるかも』と、心が揺れ始めていました」（八七頁）

短大卒業後、愛知県の尼僧堂に入り、僧侶の資格を得た後、諏訪中央病院で訪問看護や緩和ケアなどに従事した。だが、医療の現場では宗教的な行為がタブー視されている。患者さんが息を引き取ったとき手を合わせるのもしにくかった。他方、寺の手伝いで寝たきりのおばあちゃんがいる家を訪ね、お経だけあげて帰るのも後ろ髪を引かれる思いだった。

ところが、三〇代半ばに訪問看護で出会った乳がんの女性が仏教に熱心でお経をあげたり、仏様の話をしたりする機会があった。その患者さんが息を引き取った直後に駆け付けたとき、看護師としての臨終の処置を施し、帰ろうとすると患者さんの夫から引き止められ、「お経をお願いできませんか」と言われた。唱えたのは四弘誓願（しぐせいがん）だった。そのとき、飯島さんはひらめいたという。「私の理想とする宗教の姿は、これかもしれない」（九二頁）。だが、それを具体化する道はすぐには見えてこなかった。

いのちのケアと悲嘆をともにする活動

その後、飯島は髪を剃り、東昌寺での尼僧職を主とするようになるが、その数年後に養祖母が亡くなる。続いて養母にも乳がんが見つかり、四年後に亡くなった。それは東日本大震災の少し後のことだった。『寺院消滅』は飯島の思いを次のように記している。

自分自身が遺族になって初めて、お仏壇に向かってお経を読む意味が分かったような気がしました。ご遺族の代弁者こそが、お坊さんなんだと。お仏壇に向かってお経をあげる行為は、〝向こう側〟にいる亡くなった人と対話をすること。われわれを見守っていてください、と〝向こう側〟にお願いをすること。それこそが宗教行為でもあり、遺族ケアでもあると、祖母と母の死を通じて感じました。（九五頁）

その後、飯島は長野県松本市を拠点に市民団体「ケア集団ハートビート」を立ち上げ、また、東昌寺などで「悲嘆を語り合うワールドカフェ」を開くようになる。「悲嘆を語り合うワールドカフェ」には毎回、五〇人もの人々が集うという。

「ケア集団ハートビート」のホームページを見ると「活動の柱」として、次の三点があげられている。

信州で誰もが有意義な人生を送るために必要な「支えあい」を考え、はぐくむ
誰もが避けられない死や死別を見すえ、健康や人生について考え語りあう場をつくる
地域社会で協力しあって「生老病死のトータルケア」の実現をめざす

そして、「大切な人を看取りつつある人たちや亡くした人たちの困難に、誰もが自然とより添い支えあう――私たちが暮らす信州が、そんな温かい地域社会になることを願って、活動しています」とあって、具体的な「活動」として、次の八項目があげられている。

・冊子『大切な人を亡くしたとき～長野県・中信地方版～』の公開・配布

・死別や看取りにかんする講演会や連続講座の開催
・分かち合いの会（死別体験者や支援者対象）の開催
・いのちやケアにかんする読書会の開催
・長野県内の緩和ケア病棟の訪問・見学
・自治体や大学などとの連携
・〝ともしびプロジェクト〟への参加
・月例会（運営会議）の開催

「ともしびプロジェクト」というのは気仙沼の本部を中心に全国各地四七の支部をつなぎ、毎月一一日に東日本大震災の被災地への思いを込めてキャンドルを灯すというものだ。

悲嘆をともにする活動としてのグリーフケア

松本での飯島の活動は、二〇〇〇年代以降、仏教寺院がグリーフケアに積極的に関わっていく動きのなかでも目立ったものといえるだろう。仏教寺院が悲嘆を抱えて苦しむ人々に寄り添う活動は、第2章でも取り上げたように、自死遺族ケアや災害遺族のケアとして、この間に広く展開するようになっている。飯島の活動はその動きに刺激を受けながら、独自の個人的経験による奥行きをもった力強い活動である。こうした活動はまた、医療やケアの活動領域がスピリチュアリティを求めていく動きと符節を合わせている。

グリーフケアのこうした展開はまた、死が近づいた人々へのスピリチュアルケアを求める動きとも結びついている。東日本大震災をきっかけに、宗教者が死の看取りに関わることを目指して、東北大学で臨床宗教師の育成が始まり、やがて全国にその機運が広がり、二〇一六年には日本臨床宗教師会が発足した。病院や介護施設等で宗教者がケアにあたる方向性が徐々に進められている。だが、それに先んじて、宗教者による自死遺族ケアや災害遺族ケアの活動が活性化していた。これらはむしろグリーフケアの領域の活動である。

他方、医療やケアに携わる人々も早くからスピリチュアルケアに積極的に取り組もうとしており、二〇〇七年に日本スピリチュアルケア学会が発足し、二〇一二年からスピリチュアルケア師の認定が始まっている。スピリチュアルケア師の活動の領域としては、まずは病院等での死の看取りが念頭に置かれることが多いが、むしろ飯島が試みているようなコミュニティケアやグリーフケアのような領域で先行して進んでいる。第2章でもふれたが、東日本大震災で仏教者を中心に進められるようになった移動傾聴喫茶、「カフェ・デ・モンク」は、その後、全国に広がっている。二〇一六年の熊本地震でも「カフェ・デ・モンク」は長期にわたって被災者ケアの活動を続けた。

日本の仏教は悲嘆をともにする文化の担い手として大きな役割を果たしてきた。一五世紀から一七世紀にかけて、仏教寺院が全国津々浦々に展開する時期にそれは庶民生活に深く浸透することになった。一七世紀に檀家制度が確立することによって、その役割は制度的な裏付けを得て強化され、葬祭仏教というような形態で二〇世紀の後半まで持続してきた。しかし、親族共同体や地域共同体の崩壊が著しい一九九〇年代頃から、それは新たな方向へと展開する兆しを見せている。飯島の活動はそうした方向を照らし出すものといえるだろう。

新たな文化や社会性の表れとしてのグリーフケア

この章では、伝統仏教教団と民俗行事が果たしてきたグリーフケア的な機能が後退しつつあること、人々がそれにかわるグリーフケアの場や集いを求めていることについて述べてきた。葬儀や法事、お盆行事の機能の縮小が顕著に進んでいる。葬祭仏教に焦点を合わせて捉えるとそれは一九九〇年頃から見えるようになってきた事態だ。

だが、第6章、第7章で見てきたような、「ともに悲嘆を生きる」文化の歴史という視角から見ると、背後にはもっと長い歴史があることがわかる。宗教や民俗行事だけではない。国民文化が培った共同性もあった。だが、一時は濃厚に機能していた悲嘆をともにする国民文化も、今は次第に遠ざかりつつある。悲嘆を分かちもつ文化の後退は近代になって持続的に進行してきたと見るべきだろう。

そして、それにかわって新たな、悲嘆をともにする文化が、また、悲嘆をともにする集いや場が生み出されてきている。松本の尼僧、飯島惠道さんらの「ケア集団ハートビート」や東昌寺の「悲嘆を語り合うワールドカフェ」は、悲嘆をともにする新たな場や集いの試みのわかりやすい例である。また、本書の最初の部分、序章から第2章にかけては、映画や物語、事故や災害を通して育ってきた、新たな悲嘆をともにする文化、また悲嘆をともにする集いや場をいくつか取り上げてきた。

本書はこのように、現代日本で展開しつつあるグリーフケアを、新たな文化や新たな社会性の表れとして捉えている。こうした動きに関わっている人々は、自らの、また近しい人々の孤独を強く自覚しつつ、そこから新たな関係を構築していくことを目指していると見ることができる。他方で、精神医療や臨床心理の文脈で、悲嘆を専門家による治療や癒しの課題として捉える動きも進んでいる。

これらは対立するはずのものではなく、相互に刺激し合い学び合いながら展開していくことが予想される。しかし、「悲嘆の専門家」の発言が確実に増大していくのに対し、「悲嘆をともにする新たな文化や社会性」は見逃されがちになる。本書はこうした状況を踏まえ、「悲嘆をともにする新たな文化や社会性」に注目し、日本の文化と社会の歴史のなかでグリーフケアを取り返す試みである。

参考文献
島薗進「第二次世界大戦後の仏教教団と御詠歌講――東北地方の曹洞宗梅花講」大濱徹也編『東北仏教の世界――社会的機能と複合的性格』発行＝日本近代仏教史研究会、製作・発売＝有峰書店新社、二〇〇五年

新谷尚紀・関沢まゆみ編『民俗小事典　死と葬送』吉川弘文館、二〇〇五年
竹田聴洲『祖先崇拝――民俗と歴史』平楽寺書店、一九五七年
島薗進『日本人の死生観を読む――明治武士道から「おくりびと」へ』朝日選書、二〇一二年
圭室諦成『葬式仏教』大法輪閣、一九六三年
柳田國男『先祖の話』筑摩書房、一九四六年（『柳田國男全集』13、ちくま文庫、一九九〇年）
鵜飼秀徳『寺院消滅――失われる「地方」と「宗教」』日経BP社、二〇一五年
小谷みどり『〈ひとり死〉時代のお葬式とお墓』岩波新書、二〇一七年
飯島惠道　薬王山東昌寺　https://tousyouji.com

あとがき

悲嘆とかグリーフという言葉の指すものは幅広い。大事なものが喪(うしな)われた、その喪失の経験が引き起こす。典型的には死別による愛する他者の喪失によるものだ。大切な人との別れは悲しい。人ではなくペットや故郷、職場、交流仲間から離れることも大きな喪失になりうる。さらに、自己の能力の喪失やプライドの喪失も悲嘆の厳しい試練となる。このように喪失による悲嘆を広く捉えていくと誰にでも身に覚えがあるだろう。喪失による悲嘆は、人生の意味が問われる大きな意義をもつ経験だ。私にとってもそうだった。

痛切な死別の経験がない人でも他者の死別の経験に共感し、ともに涙を流すのは自然だ。映画の主人公の身に起こることに共鳴して自ら涙を流したことのある人は少なくないだろう。「悲嘆をともにする」こと、「ともに悲嘆を生きる」ことは、つらさに耐えるというだけではなく、生きている意味を問い直し、生きる力を得直していくことでもある。

このように考えれば、現代社会でグリーフケアに強い関心が集まることはまったく不思議なことではない。だが、三〇年前、五〇年前の人たちはグリーフケアについて語ることはなかった。こちらの方が不思議かもしれない。それはなぜなのか。

二〇一一年に東日本大震災があり、ボランティアとして悲嘆を抱える人に寄り添おうとする意識が高まった。宗教者らの災害支援活動に接するなかで、そのことの意義を考えさせられた。また、二〇一三年からは上智大学グリーフケア研究所でグリーフケアについて学ぼうとする医療やケアの関係者、また教員や会社員や主婦に接する機会が増えた。こうした方々とともに学ぶ経験が大きかった。

精神科医や臨床心理士が「心のケア」の専門家とみなされ、期待されるようになったのは近年のことだ。一九九五年に阪神・淡路大震災があって、「心のケア」という言葉が広まった。だが、それ以前からグリーフケアの機能を果たす文化装置があり、「ともに悲嘆を生きる」社会関係があった。それは「心のケア」の専門家に引き継がれただけでなく、新たに広範な人々によって受け継がれようとしている。グリーフケアという言葉が広まってきたのはこのためだ。そのことについてじっくり考えてみよう。それはまた、死や深刻な喪失を受け止める死生観やスピリチュアリティの歴史について、また死者とともに生きることについて考え直すことでもあるだろう。

本書はそのような観点から、「ともに悲嘆を生きる」形について考え、近代日本における悲嘆の文化や悲嘆を分かち合う場の歴史を振り返ろうとしたものだ。アカデミックな場以上に、悲嘆を抱える方々、また悲しむ者に寄り添おうとする方々とともに学び、考えてきたことが大きい。大学進学当時は医学を志しながら宗教学に転向したが、五〇歳代に入って医療に近いところに帰ってきたように感じている。上智大学グリーフケア研究所の同僚や受講生の方々には大いに助けられた。また、日本スピリチュアルケア学会、宗教者災害支援連絡会、日本臨床宗教師会といった集いでも多くの学びの機会を得た。ご示唆をいただいた方々にこの場を借りて感謝を申し上げたい。

本書は二〇一二年に刊行された『日本人の死生観を読む』（朝日選書）の続編でもある。死生学とグリーフケアとは隣接領域であり、問われる問題は重なり合っている。『日本人の死生観を読む』では、死生観を表出する知識人について論じたが、本書はふつうの人々の意識や感情や社会関係に焦点が移っている。両著は補い合う関係にある。

『日本人の死生観を読む』をまとめる際、お世話になった矢坂美紀子さんは、刊行直後から続編をまとめるよう促してくださった。翌年にも出したいとのお話だったのに、構想を練り直しているうちに七年近くもかかってしまったが、その間、忍耐強く伴走を続けてくださったことにあらためてお礼を申し上げたい。

二〇一九年二月

島薗　進

島薗　進（しまぞの・すすむ）

1948年、東京都生まれ。宗教学者。東京大学文学部宗教学・宗教史学科卒業。東京大学名誉教授。現在、上智大学大学院実践宗教学研究科教授、同グリーフケア研究所所長。主な研究領域は近代日本宗教史、死生学。

2012年に『日本人の死生観を読む　明治武士道から「おくりびと」へ』（朝日選書）で第６回湯浅泰雄賞を受賞。

著書に宗教学の理論や現代社会と宗教の関係に関わる『現代宗教の可能性　オウム真理教と暴力』（岩波書店、1997）、『スピリチュアリティの興隆』（岩波書店、2007）、宗教と医療に関する領域では『〈癒す知〉の系譜　科学と宗教のはざま』（吉川弘文館、2003）、近代日本宗教史関係では『国家神道と日本人』（岩波新書、2010）、ほかに『いのちを〝つくって〟もいいですか?』（NHK出版、2016）、『宗教を物語でほどく　アンデルセンから遠藤周作へ』（NHK出版新書、2016）、共著に『死生学１　死生学とは何か』（東京大学出版会、2008）、『愛国と信仰の構造　全体主義はよみがえるのか』（中島岳志との共著、集英社新書、2016）、『近代天皇論　「神聖」か、「象徴」か』（片山杜秀との共著、集英社新書、2017）など著書・編書多数。

JASRAC 出　1901600-302

朝日選書 982

ともに悲嘆を生きる
グリーフケアの歴史と文化

2019年４月25日　第１刷発行
2023年８月30日　第２刷発行

著者　島薗　進

発行者　宇都宮健太朗

発行所　朝日新聞出版
〒104-8011　東京都中央区築地5-3-2
電話　03-5541-8832（編集）
　　　03-5540-7793（販売）

印刷所　大日本印刷株式会社

Published in Japan by Asahi Shimbun Publications Inc.
ISBN978-4-02-263082-7
定価はカバーに表示してあります。

落丁・乱丁の場合は弊社業務部（電話03-5540-7800）へご連絡ください。

送料弊社負担にてお取り替えいたします。

カウンセリングとは何か
平木典子
実践の現場から現実のカウンセリング課程を報告する

新版 カウンセリングの話
平木典子
ベテランカウンセラーによるロングセラーの入門書

中学生からの作文技術
本多勝一
ロングセラー『日本語の作文技術』のビギナー版

新版 雑兵たちの戦場
中世の傭兵と奴隷狩り
藤木久志
戦国時代像をまったく新たにした名著に加筆、選書化

long seller

源氏物語の時代
一条天皇と后たちのものがたり
山本淳子
皇位や政権をめぐる権謀術数のエピソードを紡ぐ

東大入試 至高の国語「第二問」
竹内康浩
赤本で触れ得ない東大入試の本質に過去問分析で迫る

新版 原子力の社会史
その日本的展開
吉岡斉
戦時研究から福島事故まで、原子力開発の本格通史

日本人の死生観を読む
明治武士道から「おくりびと」へ
島薗進
日本人はどのように生と死を考えてきたのか？

人口減少社会という希望
コミュニティ経済の生成と地球倫理
広井良典
人口減少問題は悲観すべき事態ではなく希望ある転換点

生きる力　森田正馬の15の提言
帚木蓬生（ははきぎほうせい）
西のフロイト、東の森田正馬。「森田療法」を読み解く

COSMOS 上・下
カール・セーガン／木村繁訳
宇宙の起源から生命の進化まで網羅した名著を復刊

「老年症候群」の診察室
超高齢社会を生きる
大蔵暢（おおくらとおる）
高齢者に特有の身体的特徴＝老年症候群を解説

long seller

『枕草子』の歴史学
春は曙の謎を解く
五味文彦
なぜ「春は曙」で始まる？　新たに見える古典の意外な事実

平安人の心で「源氏物語」を読む
山本淳子
平安ウワサ社会を知れば、物語がとびきり面白くなる！

アサーションの心
自分も相手も大切にするコミュニケーション
平木典子
アサーションを日本に広めた著者が語るその歴史と精神

易
本田濟（わたる）
古来中国人が未来を占い、処世を得た書を平易に解説

島薗 進の本

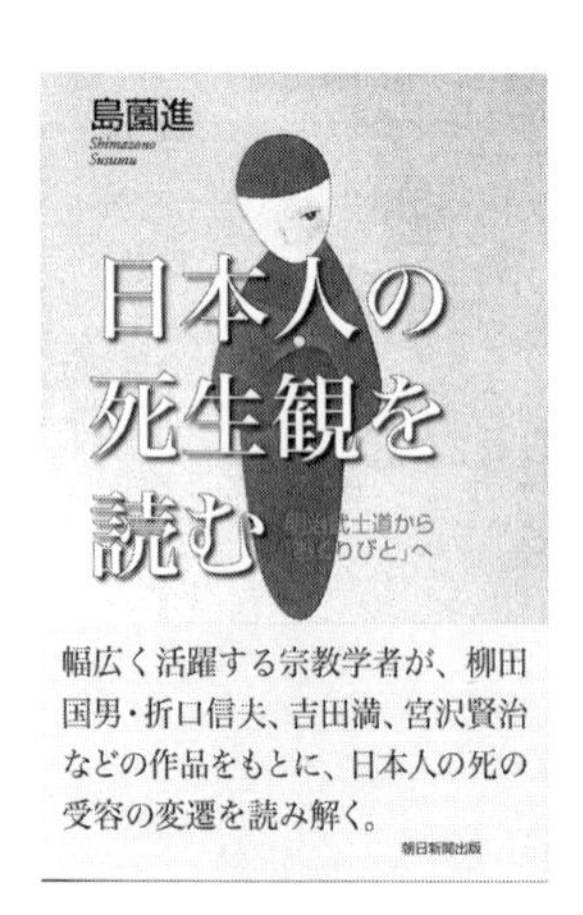

朝日選書885

明治の武士道から平成の映画「おくりびと」まで、柳田国男や折口信夫の民俗学、宮沢賢治の童話、吉田満の『戦艦大和ノ最期』を読み解き、３・11以降の私たちに、死と生への新たな向き合い方を提示した傑作。第６回湯浅泰雄賞受賞作。

プロローグ　宮沢賢治が描く死の場面
第１章　「おくりびと」と二一世紀初頭の死生観
第２章　死生観という語と死生観言説の始まり　加藤咄堂
第３章　死生観を通しての自己確立　志賀直哉
第４章　「常民」の死生観を求めて　柳田国男、折口信夫
第５章　無惨な死を超えて　吉田満
第６章　がんに直面して生きる　岸本英夫、高見順
エピローグ　近代以後の死生観言説を問うということ　（「目次」から）